OLYGLOTT on tour

Thüringen

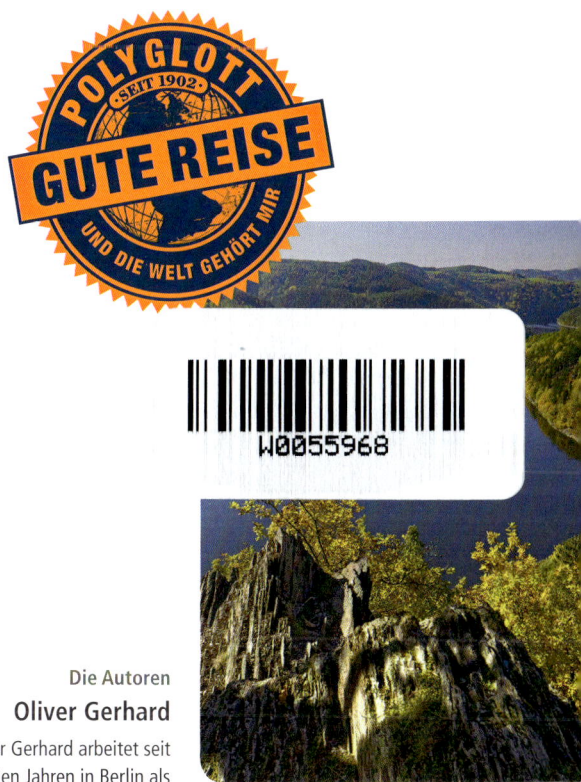

POLYGLOTT
SEIT 1902
GUTE REISE
UND DIE WELT GEHÖRT MIR

W0055968

Die Autoren
Oliver Gerhard

Oliver Gerhard arbeitet seit
vielen Jahren in Berlin als
Journalist, Fotograf und Buch-
autor und reist dafür regelmäßig nach Thüringen.

Rasso Knoller

Rasso Knoller ist seit über
20 Jahren als Journalist und
Sachbuchautor tätig. Von
ihm sind bislang mehr als
60 Bücher erschienen.

REISEPLANUNG

Die Reiseregion im Überblick _____ 8

Extra-Touren _____ 10

Tour ❶ Eine Woche unterwegs auf der
Klassikerstraße Thüringen _____ 10
Erfurt › Weimar › Jena › Rudolstadt › Ilmenau › Arnstadt › Meiningen ›
Eisenach › Gotha

Tour ❷ Drei Tage auf der Transromanica von Salzungen
nach Saalfeld _____ 12
Bad Salzungen › Klosterbasilika Breitungen › Dorfkirche Rohr › Kloster
Veßra › Klosterruine Paulinzella › Bad Blankenburg › Saalfeld

Tour ❸ Zweitagestour Thüringer Küche _____ 13
Erfurt › Holzhausen › Arnstadt › Kleinhettstedt › Hohenfelden › Weimar ›
Heichelheim › Bad Sulza

Klima & Reisezeit _____ 15
Anreise _____ 16
Reisen im Land _____ 17
Sport & Aktivitäten _____ 20
Unterkunft _____ 24
Infos von A–Z _____ 140
Register _____ 142

SPECIAL   Unterwegs mit Kindern _____ 18
SPECIAL   Natur erleben _____ 22
SPECIAL   Geistesgrößen _____ 34
SPECIAL   Thüringen sagenhaft _____ 94
SPECIAL   Schaukelpferd & Co _____ 115

LAND & LEUTE

Steckbrief Thüringen _____ 28
Geschichte im Überblick _____ 30
Kunst & Kultur _____ 32
Natur & Umwelt _____ 35
Feste & Veranstaltungen _____ 36
Essen & Trinken _____ 37

TOP-TOUREN IN THÜRINGEN

Thüringens Norden _____ 42

Zwischen Harz, Eichsfeld und Thüringer Becken liegt das Land der
deutschen Kaiser. Der Sage nach schläft Kaiser Barbarossa im Inneren
des Kyffhäuser, um dann einzugreifen, wenn das Land von Feinden
bedroht wird. Große Städte sucht man in diesem Landesteil vergebens.
Dafür können aber Orte wie Nordhausen, Sondershausen und
Mühlhausen auf eine lange Geschichte zurückblicken.

Touren in der Region

Tour ❹ **Reise in die Geschichte** _____ 43
Tour ❺ Unstrut-Radweg: **Quer durch Nordthüringen** _____ 45

Unterwegs in Thüringens Norden _____ 46

Heilbad Heiligenstadt › Leinefelde-Worbis › Mühlhausen › Bad
Langensalza › Nationalpark Hainich › Nordhausen › Sondershausen ›
Bad Frankenhausen › Kyffhäuser

Weimar _____ 54

Weimar ist zwar bei weitem nicht die größte, aber mit Abstand die
schönste und geschichtsträchtigste der thüringischen Städte. In der
Weimarer Republik war die Stadt sogar Hauptstadt des Deutschen
Reiches und früher, zu Zeiten von Schiller und Goethe, das geistige
Zentrum des Landes. Kein Besuch Thüringens ist komplett ohne einen
Aufenthalt in Weimar.

Touren in der Stadt

Tour ❻ **Auf Schillers Spuren** _____ 55
Tour ❼ **Schlösser und Parks in und um Weimar** _____ 56
Tour ❽ **Bauhaus-Rundgang** _____ 58

Unterwegs in Weimar _____ 59

Goethe- und Schillerhaus › Weimarhaus › Nationaltheater › Bauhaus-
museum › Park an der Ilm › Herzogin Anna Amalia Bibliothek › Goethes
Gartenhaus › Schloss Belvedere › Schloss Tiefurt

Im Herzen Thüringens _____ 67

Die uralte Kulturlandschaft mit den Städten Erfurt, Gotha und Arnstadt
steht zwar etwas im Schatten der großen Stars Weimar und Wartburg,
doch hier schlägt das Herz Thüringens. Vor allem in Erfurt kommt auf
der Krämerbrücke fast südländisches Lebensgefühl auf.

Touren in der Region

Tour **9** Städtedreieck in Thüringens Mitte _____ 70
Tour **10** Durch das Ilmtal _____ 70

Unterwegs in der Region _____ 71
> Erfurt › Schloss Molsdorf › Gotha › Arnstadt › Drei Gleichen › Bad Berka
> › Hohenfelden › Stadtilm › Klosterruine Paulinzella

Thüringer Wald _____ 85

Das meistbesuchte Urlaubsgebiet besitzt auch den bekanntesten deutschen Wanderweg: Auf dem Rennsteig kann man auf rund 170 Kilometern Länge die Gipfel des Thüringer Waldes erwandern. Schon Goethe mochte den Thüringer Wald und soll seinen Sekretär Eckermann
gefragt haben: »Wo finden Sie auf einem so engen Fleck noch so viel
Gutes?«

Touren in der Region

Tour **11** Von der Wartburg in den Thüringer Wald _____ 86
Tour **12** Wanderung auf dem Rennsteig _____ 87

Unterwegs im Thüringer Wald _____ 88
> Eisenach › Wartburg › Schmalkalden › Trusetal › Oberhof › Zella-Mehlis ›
> Suhl › Ilmenau › Schwarzatal › Oberweißbach › Großbreitenbach ›
> Schmiedefeld › Lauscha › Lehesten › Der Rennsteig

Allgemeine Karten

Klimakarte	15
Die Lage Thüringens	28
Übersichtskarte Extra-Touren und Kapitel	Umschlag

Stadtpläne

Weimar	57
Erfurt	73
Gotha	80

Eisenach	89
Wartburg	91
Jena	125

Landes-Karten

Thüringens Norden	44
Im Herzen Thüringens, Thüringer Wald, Werratal	68
Thüringens Osten	120

Werratal ━━━━━━━━━━━━━━━━ 108

Den Fluss, der im Süden Thüringens entspringt und sich erst in Hessen mit der Fulda zur Weser vereint, säumen zahlreiche Burgen und Schlösser. Mit Fug und Recht könnte man das Werratal daher auch in Burgenland umtaufen.

Touren in der Region

Tour ⑬ **Burgen und Schlösser** ━━━━━━━━━━ 109
Tour ⑭ Wasserwandern **auf der Werra** ━━━━━━━ 110

Unterwegs im Werratal ━━━━━━━━━━━━ 110

Creuzburg › Bad Salzungen › Erlebnisbergwerk Merkers › Biosphärenreservat Rhön › Breitungen › Wasungen › Meiningen › Kloster Veßra › Hildburghausen › Römhild › Schleusingen › Sonneberg

Thüringens Osten ━━━━━━━━━━━ 117

Von »der Saale hellem Strande« war zwischenzeitlich vor lauter industriellen Abwässern nicht mehr viel zu sehen. Doch nun ist die Luft wieder rein, das Wasser sauber. Und trutzige Burgen und mächtige Schlösser hat Thüringens Osten ohnehin in reichem Maße aufzuweisen.

Touren in der Region

Tour ⑮ **Die Saale flussabwärts** ━━━━━━━━━ 118
Tour ⑮ **Von Greiz nach Altenburg** ━━━━━━━━ 119
Tour ⑯ Auf dem Radfernweg **Euregio Egrensis** ━━━━ 121

Unterwegs in Thüringens Osten ━━━━━━━━ 122

Apolda › Dornburger Schlösser › Jena › Kahla › Rudolstadt › Bad Blankenburg › Saalfeld › Talsperre Hohenwarte › Schloss Burgk › Schleiz › Plothener Teiche › Saalburg-Ebersdorf › Bad Lobenstein › Mödlareuth › Neustadt an der Orla › Gera › Altenburg › Greiz

Erst-klassig

Die edelsten Schlosshotels ━━━━━━━━━━━ 25
Die authentischsten Kloß-Restaurants ━━━━━━━ 38
Die wildesten Naturparadiese ━━━━━━━━━━ 48
Die wichtigsten Wirkungsstätten Goethes ━━━━━ 62
Die besten Technikmuseen ━━━━━━━━━━━ 100
Die interessantesten Themenwanderwege ━━━━━ 107
Die besten Wellness-Tempel ━━━━━━━━━━ 111
Die spannendsten Höhlen und Schaubergwerke ━━━ 132

Über allen Wassern ist Ruh:
Landschafts- und Naturschutzgebiet Plothener Teiche

REISE-
PLANUNG

Die Reiseregion im Überblick

Thüringen liegt im Herzen Deutschlands und ist aus allen Himmelsrichtungen leicht zu erreichen. Das elftgrößte Bundesland hat eine ausgesprochen vielseitige Natur aufzuweisen. Innerhalb kürzester Strecken ändert sich das Landschaftsbild oft grundlegend. Deswegen kann Thüringen seinen Gästen vielfältige Urlaubserlebnisse bieten.

In **Thüringens Norden** liegt die bewaldete Hügellandschaft des Eichsfeld. Sie bildet das Verbindungsglied zwischen Harz und Thüringer Becken. Der Norden Thüringens ist auch das Land der deutschen Kaiser. Der Sage nach schläft Kaiser Barbarossa im Inneren des Kyffhäuser-Gebirges, um dann aufzuwachen und einzugreifen, wenn das Land von Feinden bedroht wird. Große Städte sucht man hier vergebens. Dafür können aber Orte wie Nordhausen, Sondershausen oder Mühlhausen auf eine lange Geschichte zurückblicken und lohnen mit ihren historischen Bauwerken einen Besuch.

Die größten Städte liegen in der Mitte Thüringens und durchziehen das Land wie an der Perlenschnur aufgezogen von West nach Ost: Eisenach, Gotha, Erfurt, Weimar und Jena. Das fruchtbare Thüringer Becken, in dem die meisten der genannten Städte liegen, ist eine der ältesten Kulturlandschaften Deutschlands. Als **Herz Thüringens** wird es von verschiedenen kleinen Höhenzügen umringt. Einer davon ist der Hainich im Westen, der einzige Nationalpark des Landes, in dem vor allem der Baumkronenpfad die Besucher anlockt.

Weimar ist zwar bei weitem nicht die größte, aber mit Abstand die schönste und geschichtsträchtigste der thüringischen Städte. In der Weimarer Re-

Neptunbrunnen am Markt in Weimar

Schwarzburg im Schwarzatal

publik war die Stadt sogar Hauptstadt des Deutschen Reiches und früher, zu Zeiten von Schiller und Goethe, das geistige Zentrum des Landes. Kein Besuch Thüringens ist komplett ohne einen Aufenthalt in Weimar. Obwohl die Stadt gerade mal 65 000 Einwohner zählt, sollte man für ihren Besuch mehr als nur ein paar Stunden einplanen.

Im **Thüringer Wald** liegt mit dem 983 Meter hohen Großen Beerberg die höchste Erhebung des Landes. Durch ihn führt auch der wohl bekannteste deutsche Wanderweg außerhalb der Alpen: Auf dem Rennsteig kann man auf 170 km Länge die Gipfel des Thüringer Waldes erwandern. Die Voraussetzungen zum Wandern und Radfahren sind ideal. Östlich von Thüringer Wald und Thüringer Becken erstreckt sich das Saaletal. Ausgedehnte Wälder locken Wanderer an, und auf dem Fluss sind Paddler und Kanuten unterwegs. Der Saale-Radweg ist ein günstiges Gelände für Fahrradfahrer, die gerne etwas leichtere Touren unternehmen. Er folgt nicht nur dem idyllischen Flüsschen, sondern auch den Spuren Johann Wolfgang von Goethes.

Südwestlich des Thüringer Waldes liegt das **Werratal** mit der ehemaligen Residenzstadt Meiningen. Da viele Orte einst am Wasser gegründet wurden und der Fluss eine wichtige Lebensader war, ist eine Fahrt durch dieses Tal auch eine Fahrt durch die Geschichte Thüringens.

Thüringens Osten wird von den größeren Orten Gera, Greiz und der Spielkartenstadt Altenburg geprägt und zieht mit seinen fürstlichen Residenzen unzählige Besucher an. Doch auch die ländlichen Regionen mit ihren hübschen Dörfern und Bauernhöfen haben ihren Reiz. Landschaftlich sind große Teile im Osten Thüringens aber weniger spektakulär. Naturfreunde werden sich hier deswegen eher Richtung Greiz und Schleiz orientieren, wo Ausläufer des idyllischen Vogtlandes bis nach Thüringen hinein reichen.

Extra-Touren

Eine Woche unterwegs auf der Klassikerstraße Thüringen

Tour-Übersicht:
Erfurt › Weimar › Jena › Rudolstadt › Ilmenau › Arnstadt › Meiningen › Eisenach › Gotha

Distanzen:
Erfurt › Weimar 24 km; **Weimar › Jena** 23 km; **Jena › Rudolstadt** 40 km; **Rudolstadt › Ilmenau** 45 km; **Ilmenau › Arnstadt** 25 km; **Arnstadt › Meiningen** 71 km; **Meiningen › Eisenach** 55 km; **Eisenach › Gotha** 32 km

Verkehrsmittel:
Alle Städte auf dieser Tour sind an das Streckennetz der Deutschen Bahn bzw. der Südthüringenbahn angeschlossen. Außerdem bestehen Busverbindungen zwischen den einzelnen Städten.

Wohl in keiner Region Deutschlands liegen die Wohn- und Wirkungsstätten der großen Dichter und Denker so nah wie in Thüringen. Bedeutende Persönlichkeiten der Geistesgeschichte wie Goethe, Schiller, Herder und Wieland, aber auch Luther und Bach haben hier gelebt.

Diese Tour beginnt in der thüringischen Hauptstadt ****Erfurt** › S. 71 mit ihrem Dom, der St.-Severi-Kirche und der Krämerbrücke. Im Augustinerkloster kann man die Zelle besichtigen, in der Luther 1505 bis 1511 als Mönch lebte. In der Michaelisstraße 48 wird ein anderer berühmter Wahlerfurter geehrt: Der Mathematiker Adam Ries(e) weilte von 1518 bis 1522 in Erfurt.

***Weimar › S. 54, nur eine halbe Stunde von Erfurt entfernt, ist eigentlich eine ganze Reise wert. Das Schiller- und Goethehaus sind Pflichtprogramm, aber auch andere berühmte Persönlichkeiten haben hier gelebt, darunter der Maler Lucas Cranach, die Komponisten Johannes Brahms und Richard Wagner sowie die Philosophen Friedrich Nietzsche und Johann Gottfried Herder.

Jena › S. 123 ist die zweite deutsche Klassikerstadt. Die 1558 gegründete Universität zog schon früh die großen Denker an: Hegel, Schlegel, Abbe und Zeiss sind nur einige der bekannten Namen, die mit Jena in Verbindung gebracht werden. Im Gegensatz zu Weimar ist das Stadtbild Jenas jedoch sehr von der DDR-Architektur geprägt. Trotzdem ist sie besuchenswert, hier kann man u. a. Schillers Gartenhaus besichtigen.

Rudolstadt › S. 129 ist vor allem wegen des hoch über der Stadt gelegenen ****Schlosses Heidecksburg bekannt. Die engen Gassen der Altstadt laden zum Bummeln ein – wieder auf den Spuren Schillers und Goethes, denn hier war es, wo sich die beiden größten deutschen Dichter im Jahre 1788 zum ersten Mal trafen. Noch wichtiger wird Schiller aber ein anderes Treffen gewesen sein, denn in Rudolstadt lernte er seine spätere Ehefrau Charlotte von Lengefeld kennen.

In **Ilmenau** › S. 102 kann man Goethe Schritt für Schritt näher kommen. Der 20 km lange Goethewanderweg führt zu den Lieblingsplätzen des Dichters. Ein kleiner Abstecher auf dieser Route führt nach ****Arnstadt** › S. 82, wo mehrere Generationen der Komponistenfamilie Bach wohnten. Entsprechend gehört die Bach-Gedenkstätte zu den großen Sehenswürdigkeiten. Besuchenswert sind auch das Neue Palais, das Renaissance-Rathaus und die Liebfrauenkirche.

Meiningen › S. 113 ist vor allem für Schloss Elisabethenburg bekannt. Richard Strauss leitete hier einst die Hofkapelle, und auch Johannes Brahms verbrachte hier einige Jahre seines Lebens. Die Lutherstadt ****Eisenach › S. 88 am Fuße der *****Wartburg** › S. 91 ist ein weiteres Highlight dieser an Höhepunkten so reichen Rundfahrt. Das Lutherhaus, das Bachhaus, die Georgenkirche, das Reuter-Wagner-Museum und natürlich die Wartburg, seit 1999 UNESCO-Weltkulturerbe, locken Besucher an.

In ***Gotha** › S. 78 schließlich lohnen ***Schloss** Friedenstein mit seiner Kunstsammlung, das Rathaus sowie das Augustinerkloster, in dem Luther gepredigt hat, einen Besuch.

Herrlich erhaltener Frühbarock: Orangerie von Schloss Friedenstein in Gotha

Tour ② Drei Tage auf der Transromanica von Salzungen nach Saalfeld

Tour-Übersicht:
Bad Salzungen › **Klosterbasilika Breitungen** › **Dorfkirche Rohr** › **Kloster Veßra** › **Klosterruine Paulinzella** › **Bad Blankenburg** › **Saalfeld**

Distanzen:
Bad Salzungen › **Breitungen** 12 km; **Breitungen** › **Rohr** 31 km; **Rohr** › **Veßra** 20 km; **Veßra** › **Paulinzella** 76 km; **Paulinzella** › **Bad Blankenburg** 13 km; **Bad Blankenburg** › **Saalfeld** 9 km

Verkehrsmittel:
Zwar kann man Saalfeld und Bad Salzungen auch mit der Bahn erreichen. Da auf der Tour aber viele kleine Städtchen und Dörfer liegen, empfiehlt es sich, mit dem Auto oder einem Mietfahrzeug auf Entdeckungsreise zu gehen. Zur Transromanica gibt die Tourist Information Thüringens eine sehr gut gemachte Broschüre heraus, die man auf der Webseite www.thueringen-tourismus.de bestellen kann.

In Thüringen sind bis heute mehr als 100 Gebäude aus der Romanik erhalten. Einige der wichtigsten zeigt diese Tour auf. Dabei passiert man bekannte Sehenswürdigkeiten wie die Klosterruine von Paulinzella, aber auch Kleinode wie die Dorfkirche von Rohr.

Von der Kurstadt **Bad Salzungen** › S. 111 führt die Fahrt zunächst zur **Klosterbasilika Breitungen** › S. 112, die schon seit fast 900 Jahren hoch über dem Ort thront. Weiter geht es zur Michaeliskirche nach **Rohr,** 814–824, die als Kirche eines Benediktinerklosters errichtet wurde. Anlässlich des Reichtages von 984 wurde hier der von Heinrich dem Zänker entführte dreijährige Otto III. seiner Mutter zurückgegeben und konnte so die Reichsnachfolge antreten.

Von diesem kleinen Ort mit großer historischer Bedeutung geht es weiter zum ***Kloster Veßra** › S. 114 und der ****Klosterruine Paulinzella** › S. 84. Die Ruine des im 12. Jahrhundert erbauten Klosters gehört zu den bedeutendsten romanischen Baudenkmälern Deutschlands. Burg Greifenstein bei **Bad Blankenburg** › S. 129, heute teilweise verfallen, und die kleine **St. Bartholomäuskirche,** ebenfalls bei Bad Blankenburg, sind die beiden nächsten romanischen Highlights. In der Kirche werden mehrere thematische Führungen angeboten (tgl. 10–18, im Winter bis 16 Uhr). Der letzte Stopp gilt dem historischen ***Saalfeld** › S. 130. Für die Reisenden auf den Spuren romanischer Bauwerke sind die Burgruine Hoher Schwarm vom Anfang des 14. Jahrhunderts und die Marktapotheke im Stadtzentrum einen Blick wert.

Klosterruine Paulinzella: Ihr Dach ist der Himmel

Das Haus, in dem die Apotheke untergebracht ist, wurde bereits um 1180 errichtet und war einst Sitz des kaiserlichen Stadtvogts. Erst seit 1681 wird es als Apotheke genutzt.

 Tour 3

Zweitagestour Thüringer Küche

Tour-Übersicht:
Erfurt › Holzhausen › Arnstadt › Kleinhettstedt › Hohenfelden › Weimar › Heichelheim › Bad Sulza

Distanzen:
Erfurt › Holzhausen 8 km; **Holzhausen › Arnstadt** 5 km; **Arnstadt › Kleinhettstedt** 19 km; **Kleinhettstedt › Hohenfelden** 15 km; **Hohenfelden › Weimar** 26 km; **Weimar › Heichelheim** 8 km; **Heichelheim › Bad Sulza** 29 km

Verkehrsmittel:
Die Tour führt über kleine Nebenstraßen zu weniger bekannten Dörfern und Kleinstädten im Umkreis von Erfurt. Das Auto ist hier das Fahrzeug der Wahl – gut geeignet ist die Strecke auch für Fahrradfahrer: So können Sie die zu sich genommenen Kalorien gleich wieder abstrampeln.

Diese Fahrt sollte man eigentlich nicht nach Kilometern, sondern nach Kalorien zählen. Denn sie bringt Sie an Orte, an denen das Essen im Mittelpunkt steht. Los geht es in **★★Erfurt** › S. 71 an der Krämerbrücke, auf der Sie

An der Erfurter Krämerbrücke

sich im Thüringer Spezialitäten-markt und beim Chocolatier mit Leckereien versorgen können. Wer in der Hauptstadt der Bratwurst die Kunst des Grillens erlernen will, kann sich in der Ersten Deutschen Grill- und Barbecueschule ein-schreiben, anschließend im Senfla-den Born den richtigen Begleiter zur Wurst kaufen und sich im ange-schlossenen Senfmuseum das ent-sprechende theoretische Hinter-grundwissen verschaffen. In **Holzhausen** macht das Bratwurst-museum › S. 83 Appetit auf noch mehr Gegrilltes und gleich nebenan in ****Arnstadt** › S. 82 können Sie in der Stadtbrauerei ihren Durst stil-len. Wer jetzt ein Völlegefühl im Magen verspürt, der kann die Strecke zwischen Holzhausen und Arnstadt auch wandernd zurücklegen – auf dem 16 km langen Rundwanderweg »Von der Bratwurst zum Bier«. Für die Zwischenübernachtung eignet sich Arnstadt ebenfalls. Wer Lust auf noch mehr Senfwissen hat, sollte nach **Kleinhettstedt** fahren, wo eine Kunst- und Senfmühle zu besichtigen ist, in der es auch schöne Ferienwohnungen gibt (Kleinhettstedt 44, 99326 Ilmtal, Tel. 0 36 29/35 96, www.premiumsenf.de).

In **Hohenfelden** › S. 84 besuchen Sie das Thüringer Freilichtmuseum, in dem schwarze Küchen stehen. Darunter versteht man für Mittelthüringen typische offene Feuerstellen, auf denen Brot oder Kuchen gebacken wird. *****Weimar** › S. 54 ist eher für Goethe und Schiller bekannt, hat aber auch ein Bienenmuseum zu bieten (Ilmstr. 3, Tel. 0 36 43/90 10 32, http://dbm.lvti.de, Di–So 10–17, April–Nov. 10–18 Uhr), das über Imkerei informiert. In **Heichelheim** widmet sich ein Museum den Klößen, einer weiteren kulina-rischen Spezialität des Landes (Hauptstr. 3, 99439 Heichelheim, klossmuseum@t-online.de, www.klossmuseum.de, April–Okt. Di–So 11 bis 16, sonst Di–Fr 11–16 Uhr). Den Tourabschluss bildet **Bad Sulza,** wo das Thüringer Weingut köstlichen Saale-Unstrut-Wein bietet (Sonnendorf Nr. 17, 99518 Bad Sulza, Tel. 03 64 61/2 06 00, www.thueringer-wein.de). Ein Weinwanderweg um Bad Sulza hat hier seinen Ausgangspunkt. Anschlie-ßend kann man sich in der Toskana-Therme mit ihrer vielfältigen Bäder-welt › S. 111 entspannen. Direkt daneben liegt das Goethe Gartenhaus Bad Sulza, eine exakte Kopie des Weimarer Originals (April–Okt. Di.–So. 10 bis 16 Uhr, www.goethe-gartenhaus.com).

Klima & Reisezeit

Nach Thüringen kann man zu jeder Jahreszeit fahren, doch darf man nicht immer Sonnenschein erwarten. Die vielen Museen helfen aber, Regenstunden zu überbrücken. Die Temperaturen steigen selten über 26 °C. In den Herbst- und Wintermonaten treten gelegentlich Föhnwetterlagen auf: Das südwestliche Vorland des Thüringer Waldes liegt dann im Nebel. Die Wolkendecke reicht jedoch kaum bis über den Kamm hinaus; auf dem Großen In-

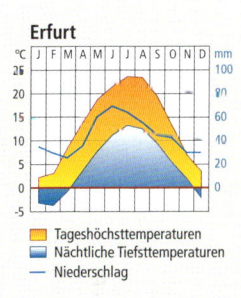

selberg ist es meist wolkenlos. Von hier bietet sich dann der Blick auf die Thüringer Föhnmauer, die zur Ebene hin abrupt abbricht. Auf dem Berg kann es deshalb viel wärmer sein als in Erfurt, das 700 m niedriger liegt.

Die Niederschlagsmengen variieren stark: Im Thüringer Becken beträgt die Jahressumme 400–500 mm, im Thüringer Wald 900–1200 mm. Als sehr schneesicher gilt das Gebiet um Oberhof und den Großen Beerberg.

Schulferien und Feiertage

Gesetzliche Feiertage in Thüringen sind Neujahr, Karfreitag, Ostermontag, der Maifeiertag, Christi Himmelfahrt, Pfingstmontag, der Tag der Deutschen Einheit am 3.10., der Reformationstag am 31.10. sowie der 1. und 2. Weihnachtsfeiertag. Etwas kompliziert ist die Regelung für den Fronleichnamstag. Er ist in den Teilen Thüringens gesetzlicher Feiertag, in denen er das schon vor 1994 war. In der Praxis trifft dies vor allem auf die katholischen Teile des Landes zu.

Die Termine der Sommerschulferien für Thüringen sind in den nächsten Jahren wie folgt: 2014: 21.07.–29.08., 2015: 13.07.–21.08., 2016: 27.06.–10.08.

Reizvolle Jahreszeit: Winter in Lauscha

Anreise

Mit dem Auto

Die Autobahn A 4 Frankfurt–Dresden durchschneidet Thüringen von West nach Ost, an ihrer Strecke liegen Eisenach, Gotha, Erfurt, Weimar, Gera und Jena. In Nord-Süd-Richtung quert die A 9 Berlin-München Ostthüringen. Seit 2009 befahrbar ist die A 38 von Magdeburg über Nordhausen und Heiligenstadt nach Göttingen. Nach wie vor im Bau ist die A 71, die von Sangerhausen über Erfurt und Suhl nach Schweinfurt führen soll. Bereits befahrbar ist das Teilstück von Sömmerda über Erfurt bis zum Dreieck Werntal bei Schweinfurt – die letzten Abschnitte sollen bis Ende 2014 fertiggestellt sein. Die A 71 wird wegen ihrer spektakulären Trassenführung durch den Thüringer Wald mit zahlreichen Brücken und Tunneln – darunter der fast 8 km lange Rennsteigtunnel – eine der teuersten Autobahnen Deutschlands werden. Bei Suhl zweigt von der A 71 die A 73 nach Bamberg und weiter nach Nürnberg ab. Wegen ihrer insgesamt 18 Großbrücken gilt sie ebenfalls als ingenieurtechnisches Meisterwerk.

Mit der Bahn

ICE-Bahnhöfe sind Eisenach, Erfurt, Gotha und Weimar auf der Strecke Frankfurt–Dresden sowie Jena und Saalfeld auf der Strecke München–Berlin. Die City-Nightline-Züge Zürich–Binz/Rügen und Zürich–Prag halten jeweils in Erfurt und Weimar. Infos: www.bahn.de

Mit dem Fernbus

Durch die Liberalisierung des Busverkehrs in Deutschland kann man viele Orte in Thüringen inzwischen auch per Fernbus ansteuern. Einen Überblick, Fahrplan und Preisvergleich bietet z. B. www.buslinien suche.de.

Mit dem Flugzeug

Der internationale Flughafen Erfurt-Weimar hat sich zu einem Sprungbrett für Charterflüge nach Mallorca, auf die Kanaren, nach Ägypten und in die Türkei entwickelt (www.flughafen-erfurt-

Alleenstraße nahe Merkers, Rhön

weimar.de). In den Osten des Landes kommt man am Besten über den nahen Flughafen Leipzig-Halle, z. B. nach München, Frankfurt, Stuttgart, Köln und Düsseldorf (www.leipzig-halle-airport.de). Der Airport Leipzig-Altenburg hat durch den Rückzug von Ryanair stark an Bedeutung verloren (www.leipzig-altenburg-airport.de).

Spektakuläre Trassenführung der A 71

Reisen im Land

Mit dem Auto

In allen größeren Städten kann man Autos mieten. In der Landeshauptstadt Erfurt sind alle bekannten großen Anbieter, aber auch eine ganze Reihe kleiner lokaler Autovermieter vertreten.

Mit dem Bus

»Bus Thüringen« ist der Zusammenschluss von 20 kommunalen und privaten Bus- und Bahnunternehmen im ganzen Land. Auf der Internetseite kann man Fahrpläne und Streckennetze abrufen und so bequem Bustouren durch Thüringen planen (www.bus-thueringen.de).

Mit der Bahn

Auf der Strecke Göttingen–Erfurt–Gera–Zwickau fahren Züge in Neigetechnik durch Thüringen. Die Strecke Erfurt–Eisenach–Bebra wurde im Rahmen der Verkehrsprojekte Deutsche Einheit ausgebaut und elektrifiziert. In Erfurt hat jeder IC Direktanschluss nach Weimar. Ab Erfurt und Eisenach erreicht man per Bahn oder Bus die Startorte der schönsten Wanderwege. Seit 2013 gibt es im Rahmen der Nordthüringenbahn (Deutsche

SEITENBLICK

Oberweißbacher Bergbahn

Nicht nur landschaftlich reizvoll, sondern auch historisch und bahntechnisch interessant ist die 1923 eröffnete, 1,4 km lange Bergstrecke der Oberweißbacher Bergbahn mit anschließender 2,5 km langer Flachstrecke von Lichtenhain nach Cursdorf. Als passender Zubringer dient die 1900 eröffnete Schwarzatalbahn, die von Rottenbach nach Katzhütte zuckelt. Zur Bergbahn Station Obstfelderschmiede aussteigen! Infos: www.oberweissbacher-bergbahn.com

SPECIAL

Unterwegs mit Kindern

Erlebnisse mit Tieren

Jede größere Stadt in Thüringen hat ihren Tierpark oder Zoo. Aber man kann Tiere auch noch andernorts beobachten. So werden im **Bärenpark Worbis** Bären untergebracht, die in Zoos, Zirkussen oder Zwingern nicht artgerecht gehalten wurden oder hier ihren Lebensabend verbringen. **Aktivitäten mit Lamas** wie Wanderungen und Kindergeburtstage ermöglicht Unstrut-Lamas in Herbsleben. Schauflüge von Falken und Adlern kann man auf dem **Adler- und Falkenhof Kranichfeld** miterleben; dabei erklärt der Falkner seine Arbeit. Exotische Piepmätze gibt es im **Vogelpark Tirica** zu sehen. Und ob die Nachzucht der ausgestorbenen **Auerochsen** von Erfolg gekrönt ist, lässt sich in Altengottern überprüfen. Im **Exotarium** im Oberhof warten schließlich Schlangen und Reptilien.

- **Bärenpark Worbis**
  Duderstädter Str. 36a
  37339 Leinefelde-Worbis
  Tel. 03 60 74/2 00 90
  www.baer.de
- **Unstrut-Lamas**
  An der Hohle 10
  99955 Herbsleben
  Tel. 03 60 41/5 63 65
  www.unstrutlamas.npage.de
- **Adler- und Falkenhof Niederburg-Kranichfeld**
  Schlossgasse 18
  99448 Kranichfeld
  Tel. 03 64 50/4 41 91
  www.falkenhof-kranichfeld.de
- **Vogelpark Tirica**
  Mühlgasse 76
  99439 Vippachedelhausen
  Tel. 03 64 52/7 15 59
  www.tirica.de
- **Auerochsengehege am Torfstich**
  Am Unstrut-Radwanderweg 1
  99991 Altengottern
  Tel. 03 60 22/9 63 46
- **Exotarium**
  Crawinkler Str. 1
  98559 Oberhof
  Tel. 03 68 42/2 14 04
  www.exotarium-oberhof.de

Prinzen und Prinzessinen

Auch Feen und Prinzen leben in Thüringen. **Märchenwald, Märchendorf** und **Märchenpark** sind vor allem bei den Kleinsten beliebte Ausflugsziele. In Walldorf kann man sogar in eine **Märchenhöhle** hinabsteigen, und in Gräfenroda hat eine Gartenzwergmanufaktur ihrem Betrieb noch ein **Zwergenmuseum** angegliedert. Die **Saalfelder Feengrotten** locken Kinder mit der Erlebniswelt Feenweltchen und dem Mitmachmuseum Grottoneum.

- **Märchenwald Teichtal**
  Zum Teichtal | 99735 Hainrode
  Tel. 01 62/9 09 90 16
  www.maerchenreich-teichtal.de

- **Märchenpark der Brüder Grimm**
  An der Leineaue 1
  37308 Heilbad Heiligenstadt
  Tel. 0 36 06/67 71 41

- **Märchendorf Weißensee**
  Am Gondelteich | 99631 Weißensee
  Tel. 01 76/36 31 64 43
  www.weissenseemaerchendorf.de

- **Sandstein- und Märchenhöhle**
  Marienstr. 6 | 98639 Walldorf
  Tel. 0 36 93/88 12 77
  www.sandsteinhoehle.de

- **Gartenzwergmuseum**
  Ohrdrufer Str. 1 | 99330 Gräfenroda
  Tel. 03 62 05/7 64 70
  www.zwergen-griebel.de

- **Saalfelder Feengrotten**
  Feengrottenweg 2 | 07318 Saalfeld
  Tel. 0 36 71/5 50 40
  www.zwergen-griebel.de

Ferien aktiv

Baden, plantschen, schwimmen – für die Lieblingsbeschäftigungen der meisten Kinder gibt es zahlreiche Möglichkeiten. Danach könnte dann z. B. in **Eisenach** eine Stadtführung für Kinder auf dem Programm stehen. Im **Nationalpark Hainich** gibt es neben einem Mitmachprogramm auch mehrere Erlebnispfade, einen Wildkatzenkinderwald und eine Umweltbildungsstation.

- **Avenida Therme**
  Am Stausee Hohenfelden
  99448 Hohenfelden
  Tel. 03 64 50/44 90
  www.avenida-therme.de

- **Schwimmbad 3 Eichen**
  Am Schwimmbad 2
  36433 Bad Salzungen
  Tel. 0 36 95/62 92 91
  www.badsalzungen.de

- **Thüringentherme**
  Lindenbühl 10 | 99974 Mühlhausen
  Tel. 0 36 01/4 01 23
  www.thueringentherme.de

- **Erlebnisbad Tabbs**
  Schwimmbadweg 10 | 99891 Tabarz
  Tel. 03 62 59/6 73 40 | www.tabbs.de

- **Hofwiesenbad Gera**
  Hofwiesenpark 2 | 07548 Gera
  Tel. 03 65/8 38 43 50
  www.hofwiesenbad-gera.de

- **Eisenach-Wartburg Touristik GmbH**
  Stadtführungen für Kinder.
  Markt 24 | 99817 Eisenach
  Tel. 0 36 91/7 92 30
  www.eisenach-tourist.de

- **Nationalpark Hainich**
  Bei der Marktkirche 9
  99947 Bad Langensalza
  Tel. 0 36 43/50 55 24
  www.nationalpark-hainich.de

Einen **FAMILIEN-FREIZEITATLAS** mit vielen Tipps kann man bestellen unter **www.thueringen.de.**

Bahn) verbesserte Nahverkehrsverbindungen auf den Linien Erfurt–Kassel, Erfurt–Leinefelde, Erfurt–Nordhausen und Gotha–Bad Langensalza. Die Süd-Thüringen-Bahn betreibt im Auftrag des Freistaates Thüringen mehrere Linien in Südthüringen (www.sued-thueringen-bahn.de). Mit dem Thüringen-Ticket der Bahn ist man günstig in Regional- bzw. Nahverkehrszügen in Thüringen und den beiden angrenzenden Bundesländern Sachsen und Sachsen-Anhalt unterwegs. Das Ticket gilt von Montag bis Freitag jeweils an einem frei wählbaren Tag von 9–3, am Samstag u. Sonntag von 0–3 Uhr des Folgetages. Bis zu fünf gemeinsam fahrende Personen zahlen zwischen 22 (eine Person) und 34 Euro (fünf Personen) für das Ticket.

Sport & Aktivitäten

Der Thüringer Wald mit dem Rennsteig gilt als Top-Wanderrevier. Doch aktiv werden kann man auch beim Radeln auf vielen Fernradwegen, beim Paddeln auf Saale, Werra oder einem Stausee - und natürlich beim Wintersport.

Wandern

Thüringen ist ein Paradies für Wanderfreunde › S. 22. Insgesamt 20 000 km markierte Wanderwege durchziehen das Land. 168 km lang ist allein der Rennsteig. Routen von

Radfahrer finden in Thüringen beste Bedingungen und viele ausgeschilderte Routen

900 km Länge sind Martin Luther gewidmet und seinen Wirkungsstätten in der Region. Auf einer 75 km langen Tour über vier Etappen kann man den Hohenwartestausee umrunden. Insgesamt 23 Wanderwege sind inzwischen zertifiziert, darunter z. B. der 20 km lange Goethe-Wanderweg in Ilmenau, der 37 km lange Sechs-Kuppen-Steig im Herzen des Thüringer Waldes, der 28 km lange Goldpfad auf den Spuren der einstigen Goldsucher oder der 37 km lange Kyffhäuserweg.

Tourist Information Thüringen
- Willy-Brandt-Pl. 1 | Erfurt
- Tel. 03 61/3 74 20
- www.thueringen-tourismus.de

Radfahren

Rund 1700 km Fernradweg durchziehen das Land. Neue Touren wurden an Elster und Werra sowie auf den 180 km der Thüringer Etappe des insgesamt 470 km langen Saale-Wanderweges markiert. Ein Radweg führt auch am Rennsteig entlang. Der Unstrut-Radweg › S. 45 begleitet das Flüsschen Unstrut auf seinem 190 km langen Lauf von der Quelle bei Kefferhausen bis zur Mündung in die Saale bei Naumburg. Auf der Internetseite www.radroutenplaner.thueringen.de findet man gute Tipps.

Reiten

Pferdefreunde erwarten über 40 Wanderreitstationen und Reiterhöfe, besonders viele im Wartburgkreis entlang der Werra und im Kreis Schmalkalden/Meiningen bis zum Rennsteig. Infos:

Ferien auf dem Lande in Thüringen e. V.
- Alfred-Hess-Str. 8 | 99094 Erfurt
- Tel. 03 61/26 25 32 30
- www.landsichten.de

Rodeln, Baden, Golfen

Sommerrodelbahnen gibt es u. a. am Inselsberg › S. 20, in Dittrichshütte, Ernstthal, Saalburg und Straußberg bei Sondershausen. Thermen und Erlebnisbäder › S. 24 findet man in Bad Frankenhausen, Lobenstein, Rudolstadt, Jena, Zeulenroda, Heilbad Heiligenstadt, Bad Sulza und Bad Salzungen. Unweit der Burgen »Drei Gleichen« zwischen Arnstadt und Gotha wurde 1999 Thüringens erster Golfplatz eröffnet – 20 weitere haben sich seither dazu gesellt.

Sommerrodelbahn Ernstthal am Rennsteig
- Lauschaer Str. 41
- 98724 Ernstthal am Rennsteig
- Tel. 03 67 02/2 08 31
- www.sommerrodelbahn-ernstthal.de

Kinder- und Jugenderholung Dittrichshütte e.V.
- Panorama 1 | 07422 Saalfelder Höhe
- Tel. 03 67 41/5 70 00
- www.dittrichshuette.de/ rodelbahn-thueringen

Thüringer Golfclub Drei Gleichen
- Gut Ringhofen | 99869 Mühlberg
- Tel. 03 62 56/8 69 83
- www.thueringer-golfclub.de

Natur erleben

Dank des gut ausgebauten und markierten Wegenetzes sind in Thüringen Wanderungen auf eigene Faust einfach. Wer lieber in der Gruppe wandern will, kann sich einer organisierten Tour mit Gepäcktransport, Führung und Rast am Grillplatz anschließen.

▪ **Regionalverbund Thüringer Wald e. V.**
Zellaer Markt 1 | 98544 Zella-Mehlis
Tel. 0 36 82/47 76 90
www.thueringer-wald.com

Rennsteig

Der Höhenwanderweg Rennsteig ist ein Naturerlebnis, doch auch die am Wegesrand liegenden Orte lohnen den Abstecher. So war Oberhof einst die Hochburg des Wintersports, und auch heute noch vergnügt man sich hier auf den Schanzen. Im Sommer kommen Pflanzenfreunde im Rennsteiggar-

ten mit 4000 Pflanzenarten auf ihre Kosten (Mitte April–Sept. tgl. 9–18, Okt. 9–17 Uhr). Infos: www.renn steigportal.de.

▪ **Aktivtouristik Rose**
Geführte Wanderungen.
Stadtilmerstr. 45 | 99130 Arnstadt
Tel. 0 36 28/4 42 56
www.aktivtouristik-rose.de

▪ **Waldhotel Rennsteighof**
Gute Regionalküche. ●●
Liebensteiner Str. 108
99891 Winterstein
Tel. 03 69 29/60 20
www.rennsteighof.de

▪ **Rennsteiggarten von Oberhof**
Am Pfanntalskopf 3
98559 Oberhof
www.rennsteiggartenoberhof.de

Glashütte

In der Glasbläserstadt Lauscha kann man den Kunsthandwerkern bei der Arbeit zusehen. Führungen mit

Verkauf bietet z. B. die historische Farbglashütte an.

▋ **Farbglashütte Lauscha**
Straße des Friedens 46
98724 Lauscha | Tel. 03 67 02/28 10
www.farbglashuette.de

Großer Inselsberg

In der Pension am Reitstein unterhalb des Großen Inselsbergs gibt es wunderbare Wildgerichte. Danach locken das Inselsbergbad Brotterode (tgl. 10–21 Uhr) und die Sommerrodelbahn (März bis Okt. tgl. 10–17, sonst Sa/So 13–16 Uhr); im Winter beginnt die Loipe direkt vor der Haustür.

▋ **Pension am Reitstein**
Kleiner Inselsberg 2
98599 Brotterode
Tel. 03 68 40/3 24 94
www.haus-am-reitstein.de

▋ **Inselbergbad Brotterode**
Am Bad 1 | 98599 Brotterode
Tel. 03 68 40/37 30
www.inselbergbad.de

▋ **Sommerrodelbahn Inselsberg**
zwischen Tabarz und Brotterode
Tel. 03 68 40/3 23 70
www.sommerrodelbahn-inselsberg.de

Wasserwandern

Auch auf dem Wasser lässt sich Thüringen erwandern – auf Werra und Saale bei Rudolstadt werden Floßtouren angeboten, auf Unstrut und Weißer Elster Schlauchbootfahrten.

▋ **Berro Tours**
Schlauchbootfahrten und Rafting.
An der Brücke 1 | 06628 Bad Koesen
Tel./Fax 0 34 41/27 23 28
www.schlauchboottouren.de

▋ **Pfannstiel Outdoor-aktiv**
Kanutouren auf der Werra.
Ellenberg 15 | 98590 Schwallungen
Tel. 03 68 48/2 29 35
www.pfannstiel-outdoor-aktiv.de

▋ **Uhlstädter Saaleflößerei**
Flößerfest jedes Frühjahr.
Oberkrossen 3a
07407 Uhlstädt-Kirchhasel
www.floesserverein-uhlstaedt.com

Zur Sängerwiese

Auf Namen wie »Drachenschlucht« und »Elfengrotte« stößt man bei dieser Wanderung: Vom Parkplatz Hohe Sonne an der B 19 geht es zur Drachenschlucht, in der Wasserfälle den Weg zur Sängerwiese säumen. Dort kann man sich in der »Sängerwiesen Hütte« stärken, bevor man an den Knöpfelsteichen vorbei zur Elfengrotte gelangt. Beschaulich geht es dann zurück zur Hohen Sonne.

▋ **Sängerwiesen Hütte**
Sängerwiese 1 | 99817 Eisenach
Tel. 0 36 91/20 32 72
www.wiesenhuette.de

Kanuwandern auf der Werra

Golfclub Weimar-Jena 1994
- Münchenroda 29 | 07751 Jena
- Tel. 0 36 41/42 46 51
- www.golfclub-weimar-jena.de

Golf Club Erfurt
- Im Schaderoder Grund
- 99100 Erfurt-Schadenrode
- Tel. 03 62 08/8 07 12
- www.golfclub-erfurt.de

Wintersport

Von den rund 80 Wintersportorten liegen die meisten im Thüringer Wald, im Schiefergebirge und im Südharz. Ihre Skipisten sind leicht bis mittelschwer. Das Angebot reicht von Loipengärten – präparierten Rundstrecken für Langläufer – bis zu Abfahrten. Landesweit werden über 200 km Loipen gespurt. Die Skipisten und Rodel-bahnen verfügen über Lift- und Flutlichtanlagen (Schneetelefon 08 00/7 23 64 88; kostenfrei). Auf der Piste des Ortes Siegmundsburg rasen viele Fans auch auf Kunst-stoffreifen zu Tale. »Snow-Tubing« nennt sich dieser Spaß (Tel. 01 71/3 22 15 37, www.snow-und-sommer-tubing-siegmundsburg.de). Snow-Tubing ist auch in Curs-dorf und Oberhof möglich.

Thüringens bekanntester Win-tersportort ist Oberhof, das größte Skigebiet liegt jedoch in der Nähe des Örtchens Steinach, unweit der Grenze zu Bayern. Dort wurde am 842 m hohen Fellberg die Skiarena Silbersattel eröffnet – mit ca. 40 km Skiwanderwegen und alpinen Pis-ten von insgesamt 4,7 km Länge (Tel. 03 67 62/3 07 29, www.silber sattel.de).

Unterkunft

Vom Fünf-Sterne-Haus bis zur verschwiegenen Pension ist in Thüringen alles zu finden. In kleineren Orten beschränkt sich das Angebot teilweise auf einfache, rustikale Häuser.

Hotels

Selbst in kleineren Orten stehen Hotelzimmer in allen Kategorien zur Verfügung. Zentral buchen kann man bei der Tourist Informa-tion Thüringen › S. 18. Etwas Be-sonderes sind Hotels in restaurier-ten Schlössern und Burgen › S. 25. Auf der Wartburg, im Schlosshotel Landsberg und auf der Veste Wach-senburg kostet ein Doppelzimmer um 100 Euro pro Person.

Jugendherbergen

Eine preiswerte Alternative sind die 30 Thüringer Jugendherbergen. Waschgelegenheiten auf dem Zim-mer und Doppel- oder Familien-zimmer gehören inzwischen zum Standard.

Deutsches Jugendherbergswerk
- Carl-August-Allee 13
- 99425 Weimar | Tel. 0 36 43/85 00 00
- www.djh-thueringen.de

Campingplätze

Sie liegen meist in landschaftlich reizvoller Umgebung und es gibt sie in breiter Pallette an Komfortvarianten, die 56 Campingplätze Thüringens. 17 weitere Campingplätze sind Dauercampern vorbehalten. Durchreisende, die nur für eine Nacht einen Platz suchen, finden dort oft noch eine Unterkunft.

Verband der Campingwirtschaft Thüringen e. V.
- 07318 Saalfeld
- Tel. 0 36 72/44 52 62
- www.campingverband-thueringen.de

Ferien auf dem Lande

Eine große, jährlich aktualisierte Auswahl an Unterkünften für den Urlaub auf Bauern- und Reiterhöfen in Thüringen enthält der Katalog:

Ferien auf dem Lande
- Alfred-Hess-Str. 8
- 99094 Erfurt
- Tel. 03 61/26 25 32 30
- www.landsichten.de/thueringen

Ferienwohnungen

Bungalows und Ferienwohnungen für verschiedenste Ansprüche werden an zahlreichen Orten Thüringens angeboten. Der Mietpreis liegt je nach Standard der Unterkunft zwischen 20 und 100 Euro pro Tag.

Privatzimmer

Unterkünfte bei privaten Vermietern sind meist preisgünstig zu haben (zwischen 20 und 40 Euro pro Person) und bringen einen leicht in Kontakt mit freundlichen Gastgebern. In manchen Fällen besteht dort sogar die Möglichkeit, sich selbst etwas zu kochen. Auch das Angebot an Ferienwohnungen und Ferienhäusern ist gut und vielfältig.

Die edelsten Schlosshotels

- **Hotel auf der Wartburg ●●●**: Luxusübernachtungen an Luthers Wirkungsstätte › S. 92.
- **Schloss Landsberg ●●●**: Schlosshotel in Meiningen mit Weitblick, unbedingt den Turm besteigen › S. 114!
- **Veste Wachsenburg ●●●**
  Veste Wachsenburg 91
  99310 Holzhausen (bei Erfurt)
  Tel. 0 36 28/7 42 40 | Fax 74 24 61
  www.wachsenburg.com
- **Schlosshotel Eyba ●●–●●●**
  Reizvolles Schlosshotel mit riesigem Park. Gutes Tagungshotel.
  Eyba 23 | 07422 Saalfelder Höhe
  Tel. 03 67 36/3 40 | Fax 34 19
  www.schlosshotel-eyba.de
- **Schloss Beichlingen ●●**
  Übernachten in 1000 Jahre Geschichte. Oder heiraten! Hier haben sich schon manche das Ja-Wort gegeben.
  Straße des Friedens 70
  9625 Beichlingen
  Tel. 0 36 35/60 07 12| Fax 60 07 18
  www.schloss-beichlingen.com
- **Graues Schloss Mihla ●–●●**
  Sympathischer Kitsch in einem Renaissanceschloss.
  Thomas-Müntzer-Str. 4 | 99826 Mihla
  Tel./Fax 03 69 24/4 22 72
  www.graues-schloss.de

Blick nach Mauderode, Ortsteil von Werther bei Nordhausen

LAND & LEUTE

STECKBRIEF

- **Fläche**: 16 172 km², knapp 50 % landwirtschaftliche Nutzfläche, 32 % Wald
- **Ausdehnung**: 198 km (West-Ost), 160 km (Nord-Süd)
- **Einwohnerzahl**: 2,17 Mio., Bevölkerungsdichte: 134 Einwohner pro km²

- **Religion**: zwei Drittel Atheisten, 20 % evangelisch-lutherisch, 10 % katholisch
- **Verwaltungseinheiten**: Thüringen ist in 17 Landkreise mit knapp 900 Städten und Gemeinden zuzüglich der kreisfreien Städte Eisenach, Erfurt, Gera, Jena, Weimar und Suhl aufgeteilt
- **Hauptstadt**: Erfurt
- **Höchste Erhebungen**: Großer Beerberg (983 m), Schneekopf (978 m)

Lage

Thüringen verdankt seinen Beinamen, das »grüne Herz Deutschlands«, nicht zuletzt der Tatsache, dass es ausschließlich an andere deutsche Bundesländern grenzt. Im Süden liegt Bayern, im Westen Hessen, im Nordwesten Niedersachsen. Im Nordosten grenzt es an Sachsen-Anhalt und im Osten schließlich an Sachsen. Von der Fläche her ist Thüringen das elftgrößte deutsche Bundesland; mit seiner Einwohnerzahl steht es an zwölfter Stelle.

Politik und Verwaltung

Der Freistaat Thüringen ist in 17 Landkreise und sechs kreisfreie Städte aufgeteilt. Der Thüringer Landtag hat seinen Sitz in der Landeshauptstadt Erfurt und wird alle fünf Jahre gewählt. Derzeit besteht er aus 88 Abgeordneten, 30 davon gehören der CDU, 26 der Linken, 19 der SPD. Seit der letzten Landtagswahl im Jahr 2009 sind auch FDP und Grüne mit 7 bzw. 6 Sitzen vertreten. (Diese Sitzverteilung gilt nur noch bis Mitte/Ende 2014, wenn wieder Landtagswahlen stattfinden.)

Ministerpräsidentin ist Christine Lieberknecht von der CDU. Sie löste Dieter Althaus (CDU) ab, dessen Vorgänger wiederum Bernhard Vogel gewesen war. Erster Ministerpräsident nach der Wende war Josef Duchač (CDU).

Wirtschaft

Thüringen gehört zu den wirtschaftlich starken neuen Bundesländern. Das Bruttoinlandsprodukt stieg von 1992 bis 2008 überdurchschnittlich. Erst das Krisenjahr 2009 brachte einen Rückgang von 4,3 %, wurde dann aber im Zuge des bundesweiten Aufschwungs wieder überwunden. 2012 lag das Bruttoinlandsprodukt bei 49,25 Mrd. Euro. Das Land ist ein traditionsreicher Industriestandort, dessen Übergang von der Plan- zur Marktwirtschaft sich allerdings sehr schwierig gestaltete: Trotz moderner neuer Industrieanlagen – etwa den Opelwerken bei Eisenach und im sog. Technologiedreieck Erfurt–Jena–Ilmenau – stieg die Arbeitslosenquote nach 1990 zunächst kontinuierlich. Dabei reduzierten die Wachstumsbranchen die Zahl ihrer Beschäftigten am stärksten. Seit Mitte 1998 ging die Arbeitslosenquote in Thüringen jedoch zurück – und zwar stärker als in den anderen neuen Bundesländern. Im November 2013 lag sie nur noch bei 7,4 % – der niedrigste Wert unter den neuen Bundesländern. Innerhalb des Bundeslandes bestehen jedoch beträchtliche Unterschiede: Während der Kreis Sonneberg eine Quote von 3,7 % vermeldete, waren im Kyffhäuser-Kreis und im Altenburger Land 10,6 % der Menschen ohne Arbeit. Das Problem der Abwanderung ist regional sehr unterschiedlich. Während im Grenzgebiet zu Bayern und Hessen örtlich bereits wieder ein Zuwanderungsplus zu verzeichnen ist, verlassen in den strukturschwachen Regionen noch immer zahlreiche gut ausgebildete Thüringer das Land.

Ein weiterer wichtiger Wirtschaftsfaktor ist der Tourismus. Nach Jahren der Stagnation befinden sich die Übernachtungszahlen seit 2007 in einem moderaten Wachstum, 2012 waren es 9,22 Mio. Übernachtungen. Die Auslastung der Hotels stieg in dem Zeitraum nur leicht auf magere 39 %. Deutsche Gäste kommen vorwiegend aus Thüringen selbst, sowie aus Sachsen und Nordrhein-Westfalen. Unter den ausländischen Gästen stehen die Niederländer mit weitem Abstand an der Spitze, gefolgt von Schweizern, Österreichern und Polen.

Die Menschen

2,3 Millionen Menschen leben in Thüringen. Der Ausländeranteil ist extrem gering und beträgt lediglich 2,1 % der Bevölkerung, nach Sachsen-Anhalt der niedrigste Wert in Deutschland. Mit fast 6 % leben die meisten Ausländer in der Universitätsstadt Jena, die wenigsten in den ländlichen Kreisen Sömmerda und im Kyffhäuser-Kreis.

Etwa zwei Drittel der Einwohner Thüringens gehören keiner Religionsgemeinschaft an. Dies lässt sich leicht durch die DDR-Sozialisation erklären, als der Großteil der Bevölkerung der Kirche den Rücken zuwandte. Heute zeichnet sich zwar ein gegenläufiger Trend ab, trotzdem liegt der Anteil der Kirchenmitglieder deutlich unter vergleichbaren Bundesländern des Westens. Etwa 23 % der Thüringer bekennen sich zum evangelisch-lutherischen Glauben, knapp 8 % sind Katholiken.

Geschichte im Überblick

Seit 700 v.Chr. Keltische Stämme dringen in den Thüringer Wald vor und errichten bei Römhild die Steinsburg.

Um 470 n.Chr. Erstmals ist ein Königreich der Thüringer an Unstrut und Ilm registriert.

742 Das Bistum Erfurt entsteht.

1056–1106 Kaiser Heinrich IV. versucht, durch den Bau von Burgen zwischen Harz und Thüringer Wald seinen Herrschaftsanspruch zu sichern.

Um 1206–1207 Auf der Wartburg wird der Sängerstreit ausgetragen.

1493 In Westthüringen kommt es zu ersten Bauernaufständen.

1521 Luther auf der Wartburg.

1525 Reformation und Deutscher Bauernkrieg.

1531 Gründung des Schmalkaldischen Bundes protestantischer Fürsten.

1546 Schmalkaldischer Krieg zwischen Schmalkaldischem Bund und Kaiser Karl V.

1558 Gründung Universität Jena.

1572 Der ernestinische Besitz teilt sich in die Linien Weimar und Coburg-Eisenach. Die deutsche Kleinstaaterei prägt sich aus.

1618–1648 Im Dreißigjährigen Krieg verliert Thüringen fast die Hälfte seiner Bevölkerung.

1640–1675 Herzog Ernst der Fromme formt Gotha zum protestantisch-absolutistischen Musterstaat um.

1774 Goethe kommt als Minister nach Weimar.

1775–1828 Herzog Carl August regiert in Weimar. Die politische Zersplitterung Thüringens erreicht ihren Höhepunkt.

1803 Als Folge des Friedens von Lunéville (1801) erhält Preußen die Stadt Erfurt, das Eichsfeld, die Herrschaft Blankenhain sowie die Reichsstädte Mühlhausen und Nordhausen.

1806 In der Doppelschlacht bei Jena und Auerstedt schlagen die französischen Truppen die preußische Armee.

1807 Thüringische Territorien schließen sich dem Rheinbund an. Erfurt steht unter französischer Verwaltung.

1815 Nach dem Wiener Kongress fallen Erfurt und das Eichsfeld an Preußen; Teilnehmer der Befreiungskriege gründen die Jenaische Burschenschaft, u. a. mit dem Ziel der Einigung Deutschlands.

1817 Höhepunkt der Studentenbewegung ist das Wartburgfest.

1846 Erste Eisenbahnstrecke Weimar–Weißenfels. Carl Zeiss gründet in Jena die Optischen Werkstätten.

1848/49 Thüringische Staaten erhalten neue Grundgesetze und Landtage.

1860 Die Kunsthochschule Weimar wird eingerichtet.

1869 In Eisenach wird die Sozialdemokratische Deutsche Arbeiterpartei aus der Taufe gehoben.

1875 Einigungsparteitag der Sozialisten in Gotha.

1889 Der Physiker Ernst Abbe ruft die Carl-Zeiss-Stiftung ins Leben.
1890–96 Das Kyffhäuser-Denkmal wird zu Ehren von Kaiser Wilhelm I. errichtet.
1891 Die SPD verabschiedet das »Erfurter Programm«.
1900 Ernst Abbe, der Sozialreformer (Carl-Zeiss-Stiftung), führt den Achtstundentag ein.
1918/19 Die Fürsten- und Herzogtümer werden aufgelöst und in Freistaaten umgeformt.
1919 Die Deutsche Nationalversammlung in Weimar verabschiedet die Weimarer Verfassung und begründet damit die »Weimarer Republik«.
1920 Niederschlagung des Kapp-Putsches. Die Freistaaten werden zum Land Thüringen vereinigt.
1937 Errichtung des Konzentrationslagers Buchenwald.
1944 Die preußischen Gebiete einschließlich Erfurt werden Thüringen eingegliedert.
1945 Thüringen wird von US-Truppen besetzt und im Juli Teil der sowjetischen Besatzungszone.
1949 Gründung der DDR.
1952 Das Land Thüringen wird aufgelöst und in die Bezirke Erfurt, Gera und Suhl eingeteilt. Entvölkerung der grenznahen Gebiete.
1961 Der Rennsteig wird durch den »Todesstreifen«, die deutsch-deutsche Grenze, unterbrochen.
1990 Im wiedervereinigten Deutschland wird Erfurt Landeshauptstadt von Thüringen.
1994 Durch Volksentscheid bekommt der Freistaat Thüringen seine Verfassung.

2002 Am 26. April Amoklauf im Erfurter Gutenberg-Gymnasium.
2004 Thüringen begeht das Jubiläum 500 Jahre Bach-Familie. Die CDU-Regierung mit Dieter Althaus an der Spitze wird in der Landtagswahl mit 43 % bestätigt.
2007 Die BUGA 2007 mit den zwei Gastgeberstädten Gera und Ronneburg ist die erste Bundesgartenschau in Thüringen.
2008 Ministerpräsident Dieter Althaus gerät bundesweit wegen eines Skiunfalls in Österreich in die Schlagzeilen.
2009 Dieter Althaus tritt zurück. Christine Lieberknecht (CDU) wird Ministerpräsidentin.
2011 Teile des Nationalparks Hainich werden gemeinsam mit anderen europäischen Wäldern zum Weltnaturerbe der UNESCO ernannt.
2013 Thüringen begeht den 200. Geburtstag Richard Wagners und den 150. Geburtstag von Architekt Henry van de Velde.

Kyffhäuser-Denkmal zu Ehren Wilhelm I.

Kunst & Kultur

Architektur

Thüringen ist wie kein anderes Bundesland von der Kleinstaaterei geprägt: Es gibt kaum eine Stadt ohne Residenz oder Sommerresidenz eines Herzogs, Großherzogs oder eines anderen Provinzfürsten, und selbst deren Tod setzte der Prachtentfaltung der Herrschaften kein Ende. In vielen Kirchen Thüringens finden sich aufwendige Grabdenkmäler und Epitaphien oftmals obskurer Duodezfürsten.

In wesentlich früherer Zeit entstanden die Bauwerke, die Herrschern wie Untertanen Schutz vor Überfällen feindlich gesinnter Nachbarn boten: die Burgen. Die bekannteste dieser Befestigungen ist die Wartburg, die 1067 von Ludwig dem Springer gegründet wurde. Weit älter ist die Steinsburg, eine 70 ha große Keltenfestung bei Römhild.

Aus dem Königreich der Thüringer, das zur Zeit der Völkerwanderung von ca. 400–531 bestand und von der Werra bis zur Elbe sowie von der Oker, einem Nebenfluss der Aller, bis an den Main reichte, sind keine Baudenkmäler erhalten. Nach der Schlacht an der Unstrut (531) kam das Gebiet unter fränkische Herrschaft. Franken waren es auch, die die Thüringer zu christianisieren begannen.

Die dauerhafte Bekehrung der Bevölkerung gelang aber erst Bonifatius, welcher um 725 die Johanniskirche bei Georgenthal, das Kloster Ohrdruf und die Marienkirche Erfurt stiftete. 742 schließlich gründete er das Bistum Erfurt. Das idyllisch an der Gera gelegene Arnstadt wird bereits im Jahr 704 urkundlich erwähnt.

Aus **romanischer Zeit** sind die Krypten einiger Kirchen erhalten, z.B. in Heiligenstadt und Erfurt, sowie die Ruine des Klosters Paulinzella, des wohl berühmtesten romanischen Baudenkmals in Thüringen. Auf den baukünstlerischen und architektonischen Wert der Wartburg machte schon Johann Wolfgang von Goethe aufmerksam; Palast und Kapelle ziert figürlicher und pflanzlicher Schmuck aus dem 13. Jh.

Gotische Baudenkmäler finden sich nahezu überall in Thüringen – Burgen, Stadtbefestigungen, Bürgerhäuser, Kirchen und Klöster. Herausragende Beispiele für diesen Baustil sind die St.-Severi-Kirche auf dem Domberg in Erfurt, das Rathaus und die Marienkirche in Mühlhausen sowie die Liebfrauenkirche in Arnstadt.

In vielen thüringischen Städten und Dörfern ist das mittelalterliche Straßennetz erhalten. In den verwinkelten Gassen weht auch heute noch ein Hauch von Mittelalter, besonders im idyllischen Schmalkalden und in Mühlhausen, dcm Zentrum des deutschen Bauernkriegs.

Die **Baukunst der Renaissance** hat überwiegend in Rathäusern und Bürgerhäusern ihren Niederschlag gefunden. Die unruhigen Zeiten von Bau-

Architekturgeschichte in Stein am Erfurter Domberg mit Mariendom und Severikirche

ernkrieg, Nachreformation und Dreißigjährigem Krieg hemmten die Bautätigkeit. Noch vor Kriegsende begann jedoch Herzog Ernst I. von Sachsen-Gotha 1643 in der Residenzstadt seines 27 km² großen Fürstentums mit dem Bau von Schloss Friedenstein. Der erste Schlossneubau in Deutschland nach dem Dreißigjährigen Krieg war zugleich das **erste Thüringer Barockschloss** – viele weitere folgten.

In Schleiz und im nicht weit davon entfernten Zeulenroda kam es im frühen 19. Jh. zu furchtbaren Stadtbränden. Dies hatte zur Folge, dass hier **klassizistische Bauensembles** von einzigartiger Geschlossenheit entstanden, die man noch heute bewundern kann.

Der Baustil der Gründerzeit, der **Historismus**, lässt sich am Kyffhäuser-Denkmal bei Bad Frankenhausen studieren – es spiegelt das nationale Pathos und Selbstbewusstsein der Epoche nach dem Sieg über Frankreich 1870/71 wider. Musterbeispiele des Historismus sind auch die Versicherungspaläste in Gotha zwischen Schloss und Bahnhof und ein Großteil der Randbebauung des Angers in Erfurt.

Nach der **Ära des Jugendstils** (Theater in Gera) machte sich, hervorgerufen durch den Ersten Weltkrieg und die Weltwirtschaftskrise, Ernüchterung breit, die in der Architektur des Funktionalismus sowie der Kunst des Expressionismus und der **Neuen Sachlichkeit** ihren Niederschlag fand. Einer ihrer bedeutenderen Vertreter ist der Geraer Maler Otto Dix.

An der Entwicklung der Ideen des Funktionalismus war das **Staatliche Bauhaus** in Weimar, das 1919 gegründet wurde, maßgeblich beteiligt. Was dagegen aus der Zeit des Nationalsozialismus blieb, sind Stätten der Zerstörung und Vernichtung.

Geistesgrößen

Kaum ein Ort in Thüringen, in dem nicht an irgendeiner Hauswand ein Schild auf prominente Besucher hinweist: Hier lebten, wirkten, feierten, stritten oder fluchten Goethe, Schiller, Wieland, Luther, Müntzer, Nietzsche, Fröbel, Zeiss, Wagner, Bach oder Meister Eckhart … Die Liste der Berühmtheiten ließe sich noch lange fortsetzen. Was zog sie alle nach Thüringen?

Ein Blick auf Weimar, die Stadt der deutschen Klassik, zeigt, wie Kultur vom Wirken bestimmter Persönlichkeiten abhängt. Hätte die schöngeistig veranlagte Fürstin Anna Amalia, die als 20-jährige Witwe die Herrschaft übernahm, die Erziehung ihres Sohnes Carl August nicht in die Hände von aufgeschlossenen Lehrern wie Christoph Martin Wieland gelegt, hätte sich wohl kaum die Freundschaft mit Goethe entwickelt. Als Herzog holte Carl August Goethe später nach Weimar, Herder und Schiller folgten. Das 6000 Einwohner zählende Städtchen war zu einem Treffpunkt der geistigen Elite Deutschlands geworden.

Nach Goethes Tod war es Franz Liszt, der Weimar neue kulturelle Impulse gab. Er förderte avantgardistische und unkonventionelle Komponisten wie Richard Wagner. Was die Musik angeht, hatte Weimar schon immer große Namen zu bieten. Johann Sebastian Bach war hier von 1708 bis 1717 Hoforganist und Kapellmeister.

1919 ging das staatliche Bauhaus unter Walter Gropius aus der Kunstgewerbeschule Henry van de Veldes hervor, der Nachfolgerin der ebenfalls progressiven Kunstschule Weimars. 1925 zog das Bauhaus nach Dessau, da der konservative Landtag auf Betreiben der rechtsradikalen Parteien kein Geld mehr bereitstellte.

So war es immer: Künstler und Wissenschaftler blieben auf die Unterstützung durch Mäzene aus Politik und Wirtschaft angewiesen. Da die zahlreichen Fürstentümer in Thüringen viel zu klein waren, um politische oder militärische Macht zu erringen, verschafften sich ihre Herrscher eben Weltruhm als Förderer von Kunst und Kultur.

Der **Sozialismus** hat seine Spuren hinterlassen, wenn auch nicht immer die architektonisch ansprechendsten. Mit den industriellen Baumethoden des Plattenbaus begann der Niedergang vieler thüringischer Städte. Historische Bausubstanz verfiel oder wurde niedergerissen und durch eine seelenlose Einheitsarchitektur ersetzt. Einige Bauwerke aus DDR-Zeiten verdienen jedoch aufgrund ihrer ausgefallenen Architektur Beachtung, etwa das Hotel Panorama in

Hotel Panorama in Oberhof

Oberhof, das zwei gegeneinander gekehrten Sprungschanzen ähnelt. Für das Universitätshochhaus in Jena nahm man sich ein Fernrohr als Modell. Der zylindrische Bau, der über Bad Frankenhausen thront, beherbergt das Panorama-Museum mit dem 14 × 123 m großen Monumentalgemälde »Frühbürgerliche Revolution in Deutschland« von Prof. Werner Tübke (1929–2004), ein Hauptwerk des Begründers der Leipziger Malerschule.

Natur & Umwelt

Thüringen gehört zu den waldreichsten deutschen Bundesländern. Die Industriekomplexe, die zur Zeit der DDR die Wälder schwer geschädigt hatten, sind verschwunden oder mit moderner Umwelttechnik ausgerüstet, sodass die Landschaft wieder weitgehend intakt ist. Zwei Biosphärenreservate – Gebiete, in denen die Kultur- und Naturlandschaft besonderem Schutz unterliegt – wurden von der UNESCO ausgewiesen: das **Biosphärenreservat Vessertal** im Thüringer Wald mit seinen bunten Bergwiesen und Rotbuchenwäldern sowie das **Biosphärenreservat Rhön**, das sich bis nach Hessen und Bayern erstreckt. Urwüchsige Wälder und seltene Tierarten beheimatet der **Nationalpark Hainich** zwischen Eisenach und Mühlhausen. Der **Naturpark Thüringer Wald** ist mit seinen herrlichen Wäldern und Seen eines der schönsten Wandergebiete Deutschlands. Nicht zu vergessen die Naturparks Südharz, Kyffhäuser, Eichsfeld-Hainich-Werratal und Thüringer Schiefergebirge/Obere Saale.

Die großen Flüsse Saale, Werra, Unstrut und Ilm, einst zu giftigen Kloaken herabgesunken, sind sämtlich saniert und dienen nun wieder Anglern und Wasserwanderern als Revier. Große und sichtbare Fortschritte macht auch die Sanierung der monströsen Hinterlassenschaften des Uranbergbaus in und um Ronneburg, ein weltweit einzigartiges Mammutprojekt in Sachen Umweltschutz. Ein Meilenstein der Sanierung ist die »Neue Landschaft Ronneburg«, eine für die Bundesgartenschau 2007 revitalisierte Landschaft. Insgesamt mindestens 6 Mrd. Euro wird es kosten und vermutlich noch weitere zehn Jahre dauern, bis die in 40 Jahren angerichteten Schäden endgültig beseitigt sind.

Feste & Veranstaltungen

Festkalender

Januar: Kalter Markt in Römhild, ein Töpfermarkt am letzten Do im Januar (www.thueringen.info/roemhild-kalter-markt.html). **Biathlon-Weltcup** in Oberhof (www.weltcup.oberhof.de).

Februar: Karneval in Wasungen und anderen Orten an der Werra. **Trans Thüringia**, Schlittenhunderennen entlang des Rennsteigs (www.trans-thueringia.de). **Oberhofer Skifasching** am Samstag vor Rosenmontag.

Auf dem TFF-Festival in Rudolstadt

März: Sommergewinn in Eisenach, ein Jahrmarkt am dritten Samstag vor Ostern (www.sommergewinnszunft.de). Die **Heiligenstädter Leidensprozession** am Palmsonntag versammelt die Katholiken des Eichsfelds (www.sankt-marien-heiligenstadt.de). **Bachwochen** an einem Dutzend Spielstätten in ganz Thüringen. (www.thueringer-bachwochen.de).

April: Erfurter Altstadtfrühling (www.erfurter-volksfeste.de)

Mai: Skatbrunnenfest in Altenburg rund um das Thema Skat. **Gothardusfest** am ersten Maiwochenende in Gotha, ein großes Stadtfest (www.gothardusfest.de). Der **Rennsteiglauf** über 72, 43 oder 21 km ist mit rund 15 000 Teilnehmern der größte Cross-Country-Lauf Deutschlands. (www.rennsteiglauf.de). **Jazzwerk**, internationales Jazzfestival (www.theaterherbst.de/jazzwerk).

Juni: Rolandfest in Nordhausen. **Altenburger Prinzenraub Festspiele**, Open-Air-Theaterspektakel im Schloss zu Altenburg, bis Juli (www.prinzenraub.de). Beim **Krämerbrückenfest** trifft sich ganz Erfurt in der Altstadt. **Kunstfest Weimar** mit Theater, Tanz, Film und Ausstellungen, bis Juli (www.kunstfest-weimar.de). **Mont-golfiade** in Heldburg, Ballonfahrer-treffen (http://wordpress.ballonsport-club-thueringen.de).**Dornburger Rosenfest** im Rokokostil (www.dorn burger-rosenfest.com). **Thüringer Schlössertage** am Pfingstwochenen-de (www.schloessertage.de).

Juli: TFF in Rudolstadt, Deutschlands größtes Folk- und Weltmusikfestival, am ersten Juliwochenende (www.tff-rudolstadt.de). **Pferdewallfahrt** in Et-zelsbach am zweiten Sonntag im Juli.

August: **Lichterfest** im Ega-Park in Erfur (www.egapark-erfurt.de). **Ru-dolstädter Vogelschießen**, der größ-te Rummel Thüringens, wird seit 1722 gefeiert (www.vogelschiessen-rudol stadt.de).

September: Jazztage in Jena (www.jazzmeile.org). Eisenbahnfans treffen sich zu den **Meininger Dampfloktagen** (www.dampflokwerk.de).

Oktober: Heinrich-Schütz-Musik-fest in Bad Köstritz, Dresden und Wei-ßenfels (www.schuetz-musikfest.de). Der traditionsreiche **Zwiebelmarkt in**

Kunstfest Weimar

Weimar (zweiter Sa). **Theresienfest** in Hildburghausen zu Ehren einer frü-heren Hildburghäuser Prinzessin (www.theresienfest.de). **Märchen-und Sagenfest** mit Lesungen und Theater in Meiningen, bis Dezember

November: Martinsfest (10. Nov.) in Nordhausen.

Dezember: Der **Weihnachtsmarkt auf der Wartburg** gehört zu den schönsten Deutschlands (www.wart burg-eisenach.de).

Essen & Trinken

Thüringen ist bekannt für seine herzhafte und bodenständige Küche. Leicht wurde hier noch nie gegessen. Zu verstehen ist das schon, denn in Thürin-gen lebten immer Menschen, denen körperliche Arbeit abverlangt wurde: Bauern, ebenso wie Forstarbeiter und Bergleute. Die Rostbratwurst ist welt-berühmt und wird von echten Thüringern nur mit Senf und nie, aber auch wirklich nie mit Ketchup gegessen.

Traditionelles und Herzhaftes

»Das Leben jedes echten Thüringers ist gleichsam mit einer Perlenschnur von Kartoffelklößen durchflochten, und seine Augen leuchten, wenn er nur den Namen dieses für ihn so köstlichen Gerichtes aussprechen hört«,

Die authentischsten Kloß-Restaurants

▪ **Schlundhaus in Meiningen** ●●
Urige Gaststube. Angeblich wurden hier die Thüringer Klöße erfunden.
Schlundgasse 4 | 98617 Meiningen
Tel. 0 36 93/81 38 38
www.meininger-hotels-mit-flair.de

▪ **Klausenhof** ●●
Am Fuße der Burg Hanstein tafelt man in mittelalterlichem Ambiente. Zu den Klößen gibt es heimisches Wild und Gewürze aus dem Garten.
Friedensstr. 28
37318 Bornhagen/Eichsfeld
Tel. 03 60 81/6 14 22
www.klausenhof.de

▪ **Zum Güldenen Rade** ●●
In Erfurt in einem Patrizierhaus aus dem 16. Jh. gibt es gefüllte Klöße, z. B. mit Leberwurst oder Spinat.
Marktstraße 50 | 99084 Erfurt
Tel. 03 61/5 61 35 06
www.zum-gueldenen-rade.de

▪ **Zur Noll** ●–●●
Das traditionsreiche Gasthaus in Jena bietet Musikabende und Ausstellungen. Serviert wird Thüringisch-Deftiges – natürlich mit Klößen.
Oberlauengasse 19 | 07743 Jena
Tel. 0 36 41/59 77 10
www.zur-noll.de

▪ **Eisenacher Hof** ●–●●
Hier schlemmt man zu den Klängen von Laute und Schalmei. Meterlange Bratwürste und saftiges Spanferkel kommen mit mittelalterlichen Brotklößen auf den Tisch.
Katharinenstr. 13 | 99817 Eisenach
Tel. 0 36 91/2 93 90
www.eisenacherhof.de

schrieb 1894 Heinrich Seidel. Die **Klöße** werden aus rohen Kartoffeln hergestellt. Gegessen werden die samtweichen Gebilde mit viel Soße zu Topfbraten, Sauerbraten, Zwiebelfleisch und Wildgerichten. Dazu gibt es Rotkohl, der meist mit Äpfeln, Nelken und Zucker gedünstet wird. Alles über die Klöße erfährt man im Thüringer Kloßmuseum › S. 14.

Die **Thüringer Rostbratwurst** ist zum wichtigsten Werbeträger des Landes geworden. Das Original muss auf einem Holzkohlegrill oder – noch besser – einem Tannenzapfengrill garen und wird in der Regel mit warmem Kartoffelsalat gegessen. Auch der Bratwurst ist ein eigenes Museum gewidmet › S. 83. Eine weitere deftige Spezialität ist das **Rostbrätel** – in Bier, Senf, Öl, Salz und Pfeffer marinierte und gegrillte Schweinekammscheiben.

Aus dem Thüringer Wald kommt der **Schleusinger Porreetopf**, ein Eintopf aus Suppenhuhn, Lauch, Kartoffeln und Karotten. Den anheimelnden Namen **Schniedla mit Schwammla** trägt ein Gericht aus Südthüringen: eine dicke Suppe aus Kartoffeln und Steinpilzen. An Schlachttagen gibt es **Thüringer Kesselsuppe** aus Blut- und Leberwurst mit Schwarzbrotwürfeln und Knoblauch. Liebhaber der deftigen Küche kommen im Osten Thüringens auf ihre Kosten – beim Verspeisen einer **Schlachtplatte**.

Im Eichsfeld lässt man sich das geschmorte **Worbiser Entenfleisch** schmecken, am Kyffhäuser lockt die **Frankenhauser Birnenpfanne**. Auch

Hausmannskost: Roulade mit Klößen

Mühlhausener Majoranklöße und Heldrunger Erbsensuppe schmecken da am besten, wo sie herkommen. Eine thüringische Errungenschaft ist die **Brunnenkresse**. Sie wächst in der Gegend um Erfurt und Eisenach und wucherte seit jeher an Flussläufen. Erfurter Gärtnern gelang es, sie zu kultivieren und als Gemüse einzuführen.

Berühmt ist der Thüringer **Zwiebelkuchen**. Man behauptet sogar, dass Truppen Napoleons sein Rezept in ihre Heimat mitnahmen, wo es zur Quiche Lorraine abgewandelt wurde.

Kuchen und anderes Süßes

Wenn in Thüringen gefeiert wird, dann steht auch reichlich Kuchen auf den Tischen, mindestens ein Dutzend Sorten. Und jede mundet: Versuchen sollte man unbedingt den **Kirmeskuchen** (Quarkkuchen mit Butterstreuseln), den **Matschkuchen** (Hefeteig mit Quark und Obst belegt, mit saurer Sahne übergossen) und den **Thüringer Blechkuchen** (Hefeteig mit Quark und verschiedenen Früchten).

Bier und Wein

Die Thüringer sind wie die Bayern und die Oberfranken Biertrinker. Die Braukunst hat hier nicht nur eine lange Tradition, sondern auch ganz eigene Sorten zu bieten. Überregional bekannt ist das **Köstritzer Schwarzbier**; aber auch die Biere der 20 anderen Brauereien wie z. B. Altenburg, Apolda, Arnstadt oder Pößneck sollte man einmal probieren. **Wein** spielt zwar eine deutlich geringere Rolle, aber im Saale-Unstrut-Gebiet, im Grenzland zu Sachsen-Anhalt, liegen Thüringens Weingüter, die ausgezeichnete Tropfen zu bieten haben › S. 14.

Saaleschleife an der
Teufelskanzel

TOP-TOUREN
IN THÜRINGEN

Thüringens Norden

Das Beste!

- **Eine Zeitreise ins Mittelalter** innerhalb Mühlhausens vollständig erhaltener Stadtmauer › S. 47
- **Mit Buntspecht und Buchfink auf Augenhöhe** bei einem Spaziergang auf dem Baumkronenpfad im Nationalpark Hainich › S. 50
- **Ein Besuch bei Kaiser Friedrich Barbarossa** am Kyffhäuser-Denkmal › S. 53
- **Sich in den Details des gewaltigen Gemäldes verlieren** im Panoramamuseum Bad Frankenhausen › S. 53
- **Bären und Wölfen in die Augen schauen** im Bärenpark Worbis › S. 18, 47

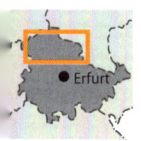

Vor dem Harz lagert die kleine, aber steile Erhebung des Kyff-häusergebirges, und zwischen die sanften Hügel des Eichsfelds sind malerische Fachwerkdörfer und kleine Städtchen gestreut.

Reizvolle Landschaften prägen den Norden von Thüringen. Dazu gehören der Nationalpark Hainich mit seinen dunklen Buchenwäldern und dem pfiffigen Baumkronenpfad sowie die Ebene bei Nordhausen, die man wegen ihrer Fruchtbarkeit auch Goldene Aue nennt. Neben Naturschätzen wartet Thüringens Norden mit mehreren geschichtsträchtigen Orten auf. Zu den Highlights gehören das imposante Kyffhäuser-Denkmal für Kaiser Wilhelm I. und das Panorama-Museum von Bad Frankenhausen mit dem monumentalen Wandgemälde, das an den Bauernkrieg erinnert. In Mühlhausen kann man eine fast 3 km lange Stadtmauer bewundern.

Touren in der Region

Reise in die Geschichte

Tour **4**

Tour-Übersicht:

Verlauf: Bad Langensalza › Mühl-hausen › Leinefelde-Worbis › Nordhausen › Sondershausen › Barbarossahöhle › Kyffhäuser-Denkmal › Bad Frankenhausen

Dauer: 4 Tage, 181 km
Praktische Hinweise:
▪ Die Barbarossahöhle hat von Nov. bis März montags geschlossen.

Tour-Start:

Diese Tour führt in einem großen Bogen einmal rund ums Thüringer

Friederikenschlösschen in Bad Langensalza

Becken. Buchstäblich in die Vergangenheit reisen Sie in *Bad Langensalza › S. 49 und **Mühlhausen › S. 47. Von kriegerischen Zerstörungen und Industrialisierung fast verschont, bilden beide Städte eindrucksvolle Panoramen aus Türmen, gotischen Kirchen und romantisch anmutenden Fachwerkhäusern. Geschichtsinteressierte besuchen in Mühlhausen das Bauernkriegsmuseum. In Bad Langensalza locken ein Rosengarten und ein Japanischer Garten. Bei **Worbis** sollte man sich sich Burg Bodenstein nicht entgehen lassen, eine sehr schön restaurierte 900-jährige Burg, die jetzt als Freizeit- und Begegnungsstätte dient. Bei einer Übernachtung hat man hier die Wahl zwischen der exklusiven Dornröschen-Suite und komfortablen, aber schlichter eingerichteten Zimmern (Burgstr. 1, 37339 Bodenstein, Tel. 03 60 74/9 70, www.burgbodenstein.de).

In **Nordhausen** › **S. 50** lohnt sich der Besuch des **Doms zum hl. Kreuz, anschließend lädt der große Stadtpark mit Teichen, Wanderwegen und Tiergehegen zu einem Spaziergang ein. Gut übernachten kann man im Hotel Zur Goldenen Aue.

Ganz in der Nähe von **Sondershausen** › **S. 51** erfreuen sich Kinder im **Freizeitpark Possen**. Im ehemaligen fürstlichen Jagdschloss gibt es original Thüringer Klöße und eine reiche Auswahl an Wildgerichten. In der **Barbarossahöhle** › **S. 53** bei Rottleben schläft der Sage nach Kaiser Friedrich Barbarossa, um erst

wiederzukommen, wenn er von den Menschen gerufen wird. Ein Höhepunkt der Tour ist das **Kyffhäuser-Denkmal** › **S. 53** mit dem Reiterstandbild Kaiser Wilhelms I. und der steinernen Figur von Kaiser Barbarossa. Höhle und Denkmal liegen mitten im Naturpark Kyffhäuser, in dem Sie ganz unterschiedliche Landschaften auf kleinem Raum erleben können. Botanische und geologische Schätze bietet das **Kyffhäusergebirge** mit seinen Streuobstwiesen und den leuchtend weißen Gipshängen, die an die Karstgebiete in Südosteuropa erinnern. Unbedingt auf dem Reiseplan stehen sollte ferner das Panoramamuseum in **Bad Frankenhausen** › **S. 52** mit dem Monumentalbild

»Frühbürgerliche Revolution in Deutschland« von Werner Tübke.

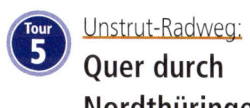

Unstrut-Radweg:
Quer durch Nordthüringen

Tour-Übersicht:

Verlauf: Unstrutquelle nahe Heilbad Heiligenstadt › Mühlhausen › Bad Langensalza › Sömmerda › Heldrungen › Wiehe an der Grenze zu Sachsen-Anhalt

Dauer: 5 Tage, insgesamt 137 km
Praktische Hinweise:
▪ Ausführliche Tourenhinweise unter www.unstrutradweg.de

Tour-Start:

Die Tour ist ideal für alle, die sich gerne Kirchen, Schlösser, Mühlen und mittelalterliche Stadtlandschaften anschauen und gleichzeitig etwas für ihre Fitness tun wollen. Idyllisch beginnt es schon am Start. Verwittertes Mauerwerk schützt die Quelle der Unstrut, um die sich Bäume und Ruheplätze gruppieren. Gleich auf den ersten Kilometern grüßt ein altes Kloster mit einer Kirche.

Ähnlich romantisch geht es weiter, in ****Mühlhausen** › S. 47 und ***Bad Langensalza** › S. 48 lohnen Abstecher ins historische Zentrum. Schlösser- und Burgenfans kommen beim nächsten Tourpunkt auf ihre Kosten. 5 km von **Sömmerda** entfernt erhebt sich die **Runneburg,** eine der großen romanischen Burgen Deutschlands.

In Sömmerda sind noch Reste der mittelalterlichen Stadtbefestigung mit sechs Stadtmauertürmen und dem »Erfurter Tor« zu sehen. Im Thüringer Hof kann man au-

Touren in der Region

Tour ④
Reise in die Geschichte

Bad Langensalza › Mühlhausen › Leinefelde-Worbis › Nordhausen › Sondershausen › Barbarossa-höhle › Kyffhäuser-Denkmal › Bad Frankenhausen

Tour ⑤
Unstrut-Radweg durch Thüringens Norden

Unstrutquelle nahe Heilbad Heiligenstadt › Mühlhausen › Bad Langensalza › Sömmerda › Heldrungen › Wiehe an der Grenze zu Sachsen-Anhalt

thentische regionale Küche genießen (Weißenseer Str. 39, 99610 Sömmerda, Tel. 0 36 34/6 87 30, www.thueringerhof-soemmerda.de). Zur Übernachtung bietet sich das Hotel Erfurter Tor an (●●, Kölledaer Str. 33, Sömmerda, Tel. 0 36 34/33 20, www.hotel-erfurter-tor.de).

Das Wasserschloss **Heldrungen,** eine gut erhaltene Festung aus dem 12./13. Jh., wird von einem mächtigen Wassergraben geschützt. Am Ende der Tour lohnt die Modelleisenbahn-Ausstellung in **Wiehe.** Auf 12 000 m² Fläche bahnen sich Dampf-, Diesel- und Elektrolokomotiven ihren Weg durch liebevoll gestaltete Wälder. Preiswert übernachten kann man im Gasthaus zur Tanne (Leopold-von-Ranke-Str. 42, Tel. 03 46 72/6 52 20, www.zur-tanne-wiehe.de, Mo, Di geschl.).

Unterwegs in Thüringens Norden

Heilbad Heiligenstadt ❶

Am nördlichen Rand des Eichsfelds liegt das Heilbad Heiligenstadt (16 000 Einw.). Der berühmteste Sohn der Stadt ist der Bildschnitzer Tilman Riemenschneider (geboren um 1460). Von 1856 bis 1864 wirkte Theodor Storm hier als Kreisrichter. Ihm ist ein eigenes Museum gewidmet (Am Berge, Tel. 0 36 06/ 61 37 94, www.stormmuseum.de, Di.–Fr. 10–17, Sa./So. 14.30 bis 16.30 Uhr).

Drei gotische Kirchen besitzt die Stadt. Die älteste ist die einstige Stiftskirche **St. Martin** (1304 bis 1487). Im Inneren beeindrucken vor allem ein bronzener gotischer Taufkessel, ein gotisches Lesepult in Form eines Chorknaben und das Grabmal des Mainzer Erzbischofs Adolf von Nassau, der 1390 starb (tgl. 9–18 Uhr).

In der **Aegidienkirche** ist der barocke Hauptaltar (1691) sehenswert. Er stammt aus der Quedlinburger Schlosskirche und steht erst seit 1944 dort. Mehr über die Eichsfelder Geschichte kann man im **Eichsfelder Heimatmuseum** im einstigen Jesuitenkolleg erfahren (Kollegiengasse 10, Mo geschl., Di–Fr 10–17, Sa, So 14.30–17 Uhr).

Info

Tourist Information
- Wilhelmstr. 50
- 37308 Heilbad Heiligenstadt
- Tel. 0 36 06/67 71 41
- www.heilbad-heiligenstadt.de

Hotel

Norddeutscher Bund ●●
Zentral, aber ruhig gelegen, mit gemütlichen Zimmern und bodenständiger Küche (eigene Fleischerei).
- Göttinger Str. 25
- Tel. 0 36 06/5 53 00
- www.hotel-norddeutscher-bund.de

Leinefelde-Worbis 2

Die Doppelstadt (18 500 Einw.),
auch das Tor zum Eichsfeld genannt, liegt an der Wipper zwischen
Ohmbergen im Norden und Dünwald im Süden. Hier verläuft die
Wasserscheide zwischen Weser und
Elbe. Die **Klosterkirche St. Antonius**
gilt als eine der schönsten Barock-
kirchen des Eichfelds. Einen malerischen Eindruck machen die hübschen Fachwerkhäuser, etwa das
Alte Amtshaus (1530) oder das **Haus
Gülden Creutz**, in dem das städtische
Informations- und Besucherzen-
trum (www.leinefelde-worbis-
tourismus.de) sowie das Heimatmuseum (Mo–Do 9–12 und
14–16.30, Fr und Sa 9–12 Uhr) ihren Sitz haben.

Bärenpark

Am bewaldeten Stadtrand von
Worbis lockt der **Alternative Bärenpark**. Dort kann man Braunbären
beobachten, die mit einem Wolfs-
rudel in einer 14 000 m² großen
Freianlage leben (Duderstädter Str.
36 a, Tel. 03 60 74/2 00 90, April bis
Okt. tgl. 10–18, Nov.–Febr. bis
16 Uhr, www.baer.de).

Grenzlandmuseum

Die Geschichte der innerdeutschen
Grenze und die Folgen der Teilung
thematisiert das **Grenzlandmuseum
Eichsfeld** in Teistungen, rund 13 km
nördlich des Zentrums, am ehemaligen Grenzübergang Worbis-Du-
derstadt (Duderstädter Str. 5, Tel.
03 60 71/9 71 12, www.grenzland-
museum.de, Di–So 10–17 Uhr).

In Mühlhausens Altstadt

**Mühlhausen 3

Zwischen den bewaldeten Höhen
von Hainich und Dünwald liegt im
Tal der Unstrut Mühlhausen (ca.
34 000 Einw.). 967 erstmals urkundlich erwähnt, ist dies eine der historisch interessantesten Städte Thüringens. Viele Bauten blieben
erhalten aus der Zeit, in der Mühlhausen Freie Reichs- und Hanse-
stadt war: Elf gotische Kirchen zeugen vom damaligen Reichtum. Dass
die Stadt mit ihren mittelalterlichen
Fachwerkhäusern so gut erhalten
ist, liegt auch daran, dass Mühlhausen zu DDR-Zeiten als Revolutions
stadt Sondermittel erhielt. Rundum
intakt zeigt sich die mittelalterliche
Stadtmauer, deren schönster Abschnitt begehbar ist (Zugang
Frauentor; April–Okt. Di–So 10 bis
17 Uhr). Ungewöhnlich ist die Lage
des **Rathauses** – auf der Grenze von

Alt- und Neustadt, in der Ratsstraße. Hier befindet sich auch das **Reichsstädtische Archiv** mit dem »Mühlhauser Rechtsbuch«, dem ältesten deutschsprachigen Stadtrecht (Ratsstr. 19, Tel. 0 36 01/45 20, Führungen Mo–Fr 11 Uhr). Südlich davon informiert in der einstigen Barfüßlerklosterkirche St. Crucis das **Bauernkriegsmuseum** über den Verlauf dieses Krieges (Kornmarkt, Tel. 0 36 01/8 56 60, www.muehl haeuser-museen.de, Di–So 10 bis 17 Uhr). Von dort aus sind es nur wenige Schritte in Richtung Norden zur gotischen **Marienkirche,** der nach dem Erfurter Dom zweitgrößten Hallenkirche Thüringens. Die Müntzergedenkstätte erinnert daran, dass hier einst Thomas Müntzer

gepredigt hat (Obermarkt, Di–So 10–17 Uhr). Johann Sebastian Bach wirkte 1707/08 in der **Divi-Blasii-Kirche** am Untermarkt. Die heutige Orgel wurde nach seinen damaligen Vorstellungen rekonstruiert.

Baum der Einheit

Nur wenige Kilometer südlich von Mühlhausen, in der Niederdorla, steht eine junge Linde. 1991 gepflanzt, markiert sie den Mittelpunkt des wiedervereinigten Deutschland.

Info

Tourist Information
Die Stadt bietet mehrere Apps für Smartphones mit Sehenswürdigkeiten und Gastgebern.
- Ratsstr. 20 | 99974 Mühlhausen
- Tel. 0 36 01/40 47 70
- www.muehlhausen.de

Hotels

Brauhaus Zum Löwen ●●
Kleines Hotel in der Fußgängerzone mit hauseigener Brauerei.
- Felchtaer Str. 3 | Tel. 0 36 01/47 10
- www.brauhaus-zum-loewen.de

Sporthotel Mühlhausen ●●
Moderner Zweckbau am Stadtrand. Tennis-, Squash- und Badmintonplätze, Fitness-Center, Saunalandschaft.
- Kasseler Str. 5 | Tel. 0 36 01/49 80
- www.sporthotel-muehlhausen.de

Café

Café Schikore ●
Traditionelles Café, das für seine guten hausgemachten Kuchen bekannt ist.
- Erfurter Str. 1 | Tel. 0 36 01/81 27 97

Erst-klassig

Die wildesten Naturparadiese

- **Drachenschlucht:** Sie ist nur von Mai bis zum ersten Frost begehbar. An ihrer engsten Stelle ist sie gerade mal 70 cm breit › S. 23.
- **Eichsfeld:** In dem hügeligen und waldreichen Gebiet findet man viele der selten gewordenen Eiben › S. 46.
- **Nationalpark Hainich:** 18 Wanderwege führen durch ein Waldgebiet mit Rotbuchen, Eschen, Ahorn- und Lindenbäumen › S. 49.
- **Biosphärenreservat Vessertal:** Bergwälder, Moore und Bäche prägen das Traditionswandergebiet mitten im Thüringer Wald › S. 102.
- **Biosphärenreservat Rhön:** Die fast baumlosen Hochebenen erlauben einen weiten Blick in die Landschaft › S. 112.

*Bad Langensalza 4

Eingebettet in waldige Höhen wurde Langensalza (17 600 Einw.) 1811 dank seiner Thermalquellen Kurort. Die **Stadtmauer** (13./14. Jh.) ist fast vollständig erhalten. Sehenswert sind das barocke **Rathaus**, die spätgotische Marktkirche **St. Bonifatius** und das barocke **Friederikenschlösschen**, heute Sitz der Kurgesellschaft. Das **Stadtmuseum** in den Räumen des früheren Augustinerklosters erinnert an die Schlacht bei Langensalza vom 27. Juni 1866 (Augustinerplatz 1–2 Tel. 0 36 03/ 81 30 02, Di–Sa 13–17, So 10 bis 17 Uhr).

Zur Entspannung lädt die **Friederikentherme** ein, eine weitläufige Badelandschaft mit Fitness und Wellness (Böhmenstr. 5, Tel. 0 36 03/3 97 60, www.friederiken therme.de, tgl. 9–22 Uhr). Nach dem Bad lohnt ein Spaziergang in einem der vielen Gärten der Stadt, sei es im Arboretum (April–Okt. tgl 10–19 Uhr) und im Botanischen Garten (Mai–Okt. tgl 10–19 Uhr), im **Japanischen Garten** Kofuku No Niwa mit großem Pflanzenpavillon und original japanischem Teehaus (März–Okt. tgl. 10–19 Uhr) oder im **Rosengarten** bei der Kurpromenade mit 11 000 Rosen (Mai–Okt. tgl. 10–19 Uhr).

11 000 Rosen erblühen im Rosengarten in Bad Langensalza

Info

Tourist-Information
- Bei der Marktkirche 11
- 99947 Bad Langensalza
- Tel. 0 36 03/82 58 45
- www.badlangensalza.de

Hotel

Zur Weintraube ●–●●
Traditionsreiches Hotel in 400 Jahre altem Fachwerkhaus. Gute Thüringer Küche, im Sommer mit Biergarten.
- Mühlhäuser Str. 11
- Tel. 0 36 03/84 61 33
- www.zur-weintraube.de

Nationalpark Hainich 5

Das Gebiet des Hainich bildet mit einer Gesamtfläche von ca. 16 000 ha das größte zusammenhängende Laubwaldgebiet Deutschlands. Seit 2011 gehört es – gemeinsam mit anderen europäischen Buchenwäldern – zum Weltnaturerbe der UNESCO. Bemerkenswert sind die Rotbuchen und die große Artenvielfalt in der Tier- und Pflanzenwelt. Besucher können an vielen **Erlebnisprogrammen** teilnehmen: von der Heilpflanzenwerkstatt über abendliche Wanderungen zur Rotwildbrunft mit Taschenlampe bis zu

49

Entdeckungsreisen auf den Spuren der Wildkatze.

 ## Baumkronenpfad

Einen besonders unzugänglichen Teil des Hainicher Urwaldes kann man mit Hilfe des **Baumkronenpfades** erkunden, den man nahe der Thiemsburg im Stadtwald von Bad Langensalza findet. Man sollte schwindelfrei sein, denn der Rundgang durch die Wipfel ist über 500 m lang und steigt auf 24 m Höhe. Auf dem Baumhaus in 44 m Höhe wird man belohnt mit einem Rundblick über den Hainich und das Thüringer Becken. Ein Lift steht zur Verfügung (April–Okt. tgl. 10 bis 19, Nov.–März 10–16 Uhr).

Info

Nationalpark Hainich
- Bei der Marktkirche 9
- 99947 Bad Langensalza
- Tel. 0 36 03/3 90 70
- www.nationalpark-hainich.de

Nordhausen 6

Im Jahr 911 ließ Herzog Heinrich hier eine Pfalz errichten. Von 1220 bis 1802 war Nordhausen (42 000 Einw.) Freie Reichsstadt und von 1430 bis 1433 Mitglied der Hanse. Trotz starker Bombenschäden im Zweiten Weltkrieg bietet die Stadt viele sehenswerte historische Gebäude. Bekannt wurde sie durch den Nordhäuser Doppelkorn. Die **Traditionsbrennerei** › S. 51 zeigt, wie der Korn ins Glas kommt. Für eine Flasche werden übrigens 25 000 Körner benötigt.

Das ***Alte Rathaus** mit seinen Erdgeschossarkaden und dem Treppenturm am Markt geht auf ein gotisches Bauwerk von 1360 zurück. 1610 wurde es im Stil der Spätrenaissance umgebaut und 1945 nach diesen Plänen wieder hergestellt. Die farbig gefasste ***Rolandsfigur** an der Westseite ist das Wahrzeichen der Stadt. Hier steht eine Kopie, das Original ist im Neuen Rathaus gegenüber zu sehen. Das **Kunsthaus Meyenburg** zeigt eine Sammlung der Kunst des 19. und 20. Jahrhunderts sowie regelmäßig wechselnde Ausstellungen (Alexander-Puschkin-Str. 31, Tel. 0 36 31/88 10 91, Di bis So 10–17 Uhr).

Norwestlich des Marktes kann man sich im ***Tabakspeicher,** einem Fachwerkhaus aus dem 17. Jh., über historisches Handwerk und Stadtarchäologie informieren (Bäckerstr. 20, Tel. 0 36 31/98 27 37, Di–So 10–17 Uhr). Ein Stück weiter nördlich steht der ****Dom zum heiligen Kreuz,** der aus der Kirche des 961 durch Königin Mathilde gegründeten Frauenstifts erwuchs. Das dreischiffige spätgotische Bauwerk entstand nach einem Brand im Jahre 1180. Von der romanischen Vorgängerkirche blieben die seitlichen Türme im Osten sowie die eindrucksvolle Krypta unter dem Chor erhalten. Die Wände des 1267 geweihten Chors zieren Stifterfiguren aus der Zeit um 1400 (Domstr. 5, tgl. 9–16 Uhr).

Geschichtsträchtige Fachwerkhäuser stehen in der Barfüßerstraße. Die Flohburg (Nr. 6) ist ein einstiges Ritterhaus aus dem 14. Jh. Sie ist Sitz des **Nordhausen Stadtmuseums** mit Stadtgeschichte über drei Etagen (Di–So 10–17 Uhr). Haus Nr. 2 ist das Pfarrhaus St. Blasii, das 1713 auf den Grundmauern eines Hauses von 1544 erbaut wurde. Im Osten erhebt sich die gotische *Blasiikirche, in der man die Kopie des Gemäldes »Die Auferstehung des Lazarus« von Lucas Cranach d. J. bewundern kann (Barfüßerstr. 2, tgl. 15–17, Sa, So 10–12, 14.30–16.30 Uhr). Weitere sehenswerte Häuschen findet man in der Gumpertstraße, die sich südlich, und im Altendorf, das sich nördlich an die Barfüßerstraße anschließt.

Erst-! klassig Von Nordhausen aus fährt die **Harzer Schmalspurbahn** durch den Harz. In drei Stunden ist man am Brocken (www.hsb-wr.de).

KZ-Gedenkstätte Mittelbau Dora

Im Ortsteil Krimderode arbeiteten 1943–45 ca. 60000 Häftlinge aus über 30 Nationen in der Fertigung von Hitlers Vergeltungswaffen V1 und V2. Das Museum zeigt eine Dauerausstellung zur KZ-Geschichte mit Texten von Häftlingen und Tätern, collagenhaft vergrößerten Fotos, dazu historische Filme und Zeitzeugeninterviews (Kohnsteinweg 20, Tel. 0 36 31/4 95 80, www.dora.de, April–Sept. Di–So 10–18, Okt.–März 10–16 Uhr)

Info

Tourismus Informationszentrum
▪ Markt 1 | 99734 Nordhausen
▪ Tel. 0 36 31/69 67 97
▪ www.nordhausen.de

Schloss Sondershausen

Hotel

Zur Goldenen Aue ●
Netter Landgasthof mit Restaurant.
▪ Nordhäuser Str. 63
▪ Tel. 0 36 31/60 30 21 | Fax 60 30 23
▪ www.hotel-zur-goldenen-aue.de

Restaurant

Da Capo ●●
Gutbürgerliche Thüringer Küche direkt im Nordhausener Theater.
▪ Käthe-Kollwitz-Str. 15
▪ Tel. 0 36 31/4 73 64 89
▪ www.dacapo-nordhausen.de

Shopping

Nordhäuser Traditionsbrennerei
Hier kann man beim Brennen von Spirituosen zusehen und diese verkosten (Mo–Sa 10–16, Führungen 14 Uhr).
▪ Grimmelallee 11
▪ Tel. 0 36 31/63 63 63
▪ www.traditionsbrennerei.de

*Sondershausen ▨

Bekannt ist der Ort (22 500 Einw.) als Musik- und Bergstadt. Das über der Stadt thronende *Schloss der Fürsten von Schwarzburg-Sondershausen beeindruckt durch Stilele-

Das Panoramamuseum Bad Frankenhausen zeigt ein 123 m langes Bild

Info

Sondershausen-Information

■ Markt 9 | 99706 Sondershausen

■ Tel. 0 36 32/78 81 11

■ www.sondershausen.de

Hotels

Hotel Thüringer Hof ●●

Hotel in der Fußgängerzone mit modern eingerichteten Zimmern. Restaurant, Café.

■ Hauptstr. 30–32

■ Tel. 0 36 32/65 60

■ www.thueringerhof.com

Bad Frankenhausen 8

mente verschiedener Zeitepochen. Besonders sehenswert ist das Museum, u. a. mit Liebhabertheater, Ahnengalerie und Goldener Kutsche (Tel. 0 36 32/62 24 20, Di–So 10 bis 17, Führungen 14 Uhr).

Am Markt stehen einige beeindruckende Bauensembles, so die **Alte Wache,** das **Rathaus** und das **Prinzenpalais**. Die Häuser der Altstadt überragt die mächtige barocke Stadtkirche **St. Trinitatis** aus dem 17. Jh.

Erlebnisbergwerk

Glückauf, die älteste befahrbare Kaligrube der Welt, ist Schauplatz von Rundfahrten und diverser Veranstaltungen von der Hochzeitsfeier bis zu Mountainbike-Wettbewerben unter Tage, sogar einen Konzertsaal gibt es (Tel. 0 36 32/65 52 80, www.erlebnisbergwerk.com, Di–Fr 11 und 14, Sa 10 und 14, So 11 Uhr, nur nach Voranm., Kinder erst ab 10 Jahren!).

Die Solequellen und die damit verbundene Salzförderung führten 998 zur Gründung des Ortes (8600 Einw.). Auf dem **Schlachtberg** wurde 1525 das Bauernheer Thomas Müntzers vernichtend geschlagen. Ein Zinnfigurendiorama der Schlacht ist im **Regionalmuseum** im Schloss zu sehen (Schlossstr. 13, Tel. 03 46 71/6 20 86, Mi–So 10 bis 17 Uhr).

Im Ort stehen drei mittelalterliche Kirchen – die Altstädter-, die Unter- und die Liebfrauenkirche, auch **Oberkirche** genannt. Letztere hat den schiefsten Turm in Deutschland (34,5 m aus dem Lot), sie steht nur noch als Ruine. Wahrzeichen der Stadt ist der **Hausmannsturm,** der Rest einer Burganlage aus dem 13. Jh.

Herrlich entspannen kann man sich in der bis in die Abendstunden geöffneten **Kyffhäuser Therme** (mit

Solebad, August-Bebel-Pl. 9, Tel. 03 46 71/51 23, www.kyffhaeuser-therme.de, tgl. 9–22 Uhr).

Panoramamuseum

Die Anhöhe des Schlachtbergs wird von einer monumentalen Rotunde gekrönt, dem Panoramamuseum mit dem wohl größten Gemälde der Welt, der »Frühbürgerlichen Revolution«. Es entstand 1983–87 nach Entwürfen des renommierten DDR-Künstlers Werner Tübke (1929 bis 2004). Über 3000 farbenprächtige, in altmeisterlicher Manier gemalte Einzelfiguren lassen das 16. Jh. lebendig werden (www.panorama-museum.de, April bis Okt. Di–So 10–18, Nov.–März 10–17, Juli/Aug. auch Mo 13 bis 18 Uhr, Tel. 03 46 71/61 90).

Info

▪ **Tourist-Information**
▪ Anger 14 | 06567 Bad Frankenhausen
▪ Tel. 03 46 71/7 17 17
▪ www.kyffhaeuser-tourismus.de

Hotels

Thüringer Hof ●–●●
Traditionshaus im Zentrum mit 22 komfortablen Zimmern. Restaurant mit Thüringer Küche; Biergarten.
▪ Anger 15 | Tel. 03 46 71/5 10 10
▪ www.thueringer-hof.com

**Kyffhäuser 9

Etwa 10 km nördlich von Bad Frankenhausen auf dem Höhenzug steht das **Kyffhäuser-Denkmal (auch Barbarossa- oder Kaiser-Wilhelm-Nationaldenkmal). Die Burganlage war im Hochmittelalter eine der größten ihrer Art. Sie wurde 1118 zerstört und verfiel zur Ruine. Das gewaltige, 81 m hohe Denkmal (1896) stammt von Bruno Schmitz.

Der Sage nach schläft Kaiser Friedrich I. Barbarossa im Gebirge, um dereinst aufzuwachen, das Land zu einen und von seinen Feinden zu befreien. Im Felsenhof ist eine Skulptur des erwachenden Barbarossa von Nikolaus Geiger zu bewundern, darüber ein Reiterstandbild Kaiser Wilhelms I. Vom 57 m hohen Turm hat man einen großartigen Rundblick (Tel. 03 46 51/27 80, www.kyffhäuser-denkmal.de, April–Okt. tgl. 9.30–18, Nov.–März 10–17 Uhr).

*Barbarossahöhle 10

Auf einer Länge von 800 m ist die berühmte Barbarossahöhle bei Rottleben begehbar. Riesige Kuppelsäle – der »Olymp« ist 32 m hoch – wechseln mit sehr niedrigen Gängen ab. Das Wasser der Seen in der Höhle schimmert kristallklar (Tel. 03 46 71/5 45 13, www.hoehle.de, April–Okt. tgl. 10–17, Nov.–März tgl. Di–So 10–16 Uhr).

SEITENBLICK

Goldene Aue

Das Kyffhäusergebirge wird durch die fruchtbare Goldene Aue vom Harz getrennt. Das Wandergebiet zwischen Nordhausen und Sangerhausen ist 19 km lang und ca. 7 km breit. Höchste Erhebung ist mit 477 m der Kulpenberg. Infos: www.tourismus-goldeneaue.de

✱✱✱Weimar

Das Beste!

- **Lassen Sie sich inspirieren** bei einer Führung durch Goethes Wohnhaus › S. 59
- **Bewundern Sie im Bauhaus-Museum** die Arbeiten berühmter Architekten und Designer › S. 60
- **Spazieren Sie durch den idyllischen Park** an der Ilm zu Goethes Gartenhaus › S. 63
- **Genießen Sie eine Aufführung** im Deutschen Nationaltheater › S. 60
- **Schwelgen Sie im Glanz** der frisch restaurierten Herzogin Anna Amalia Bibliothek › S. 62

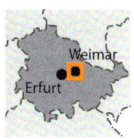

Weimar wäre heute ein Residenzstädtchen unter vielen in Thüringen, wenn ihm nicht zahlreiche Dichter und Denker zu Weltruhm verholfen hätten.

Goethe und Schiller trugen der Stadt mit heute 65 000 Einwohnern den Ruf einer Stadt der deutschen Klassik ein. Lucas Cranach d. Ä. und Martin Luther wirkten hier ebenfalls. Später kamen Johann Gottfried Herder, Richard Wagner, Friedrich Nietzsche, Franz Liszt, Richard Strauss, Thomas Mann, Lyonel Feininger und andere.

Auch die Moderne hat mit den Zeugnissen der hier gegründeten Bauhausschule bemerkenswerte Spuren hinterlassen. Nicht umsonst nahm die UNESCO sowohl die Stätten des klassischen Weimar als auch die Gebäude des Bauhauses in die Liste des Weltkulturerbes auf. Etwas Zeit sollte man also mitbringen zur Entdeckung. Allein mit

dem Besuch der wichtigsten Highlights wie des Goethehauses, des Wohnhauses Schillers, der Herzogin Anna Amalia Bibliothek und des Bauhaus-Museums kann man sich mehrere Tage beschäftigen, ganz zu schweigen von den vielen weiteren Museen, Gedenkstätten und Schlössern.

Es ist erstaunlich, dass sich Weimar trotz seiner Popularität den Charme einer beschaulichen Kleinstadt bewahren konnte – zu erleben ist das bei einem Besuch des Wochenmarkts vor dem Rathaus, beim Spaziergang durch den Park an der Ilm, beim Schlendern durch die verwinkelten Gassen und beim Einkaufen in den kleinen Läden der Fußgängerzonen.

Touren in der Stadt

Auf Schillers Spuren

Tour-Übersicht:

> **Verlauf: Goethe-Schiller-Denkmal** › **Schillerhaus** › **Frauenplan** › **Fürstengruft im Historischen Friedhof** › **Restaurant Café Frauentor**

Dauer: 4–5 Std. zu Fuß, 4 km reine Wegstrecke
Praktische Hinweise:
- Die Tour ist ein bequemer Spaziergang.
- Schillers Wohnhaus hat montags geschlossen. Die Fürstengruft ist dienstags geschlossen.

Goethes Arbeitszimmer, der Juno-Raum, in seinem Wohnhaus

▪ Man kann sich auch einer von mehreren geführten Schiller-Touren anschließen, z. B. begleitet durch den im historischen Kostüm gewandeten »Diener Rudolf« (Buchung bei der Tourist Information).

Tour-Start:

Weimar gehört neben Jena, Meiningen und Rudolstadt zu den wichtigsten Wirkungsstätten Schillers in Thüringen. Das **Goethe-Schiller-Denkmal** auf dem Theaterplatz vor dem **Deutschen Nationaltheater** › S. 60 erinnert an die Beziehung der beiden Dichter, die zunächst von Distanziertheit, später von enger Freundschaft geprägt war. Von hier gelangt man über die Schillerstraße zum einstigen ****Wohnhaus Schillers** › S. 59, in dem dieser von 1802 bis zum Tod 1805 lebte.

Der Weg zum Historischen Friedhof führt über den **Frauenplan**, den Standort des *****Goethehauses** › S. 59. Bei seinem ersten Besuch in Weimar 1787 wohnte Schiller direkt neben dem Haus Goethes. Über die Amalienstraße erreicht man den Historischen Friedhof mit der ***Fürstengruft** › S. 64 und den Dichter-särgen. Seit ein Gutachten bewies, dass die vermeintlichen Gebeine Schillers nicht dem Dichter zuzuordnen sind, ist dessen Sarg leer.

Zur Stärkung am Ende der Stadttour bieten Weimarer Gastronomen Menüs zum Thema Schiller an. Im **Café Frauentor** (Schillerstr. 2, Tel.

0 36 43/51 13 22) wird z. B. ein viergängiges Schiller-Menü serviert, das aus dem Kochbuch Louise von Lengefelds stammt.

Schlösser und Parks in und um Weimar

Tour-Übersicht:

Verlauf: Schloss Belvedere › Park an der Ilm mit Goethe-Gartenhaus › Stadtschloss › Schloss und Schlosspark Tiefurt

Dauer: Ein Tag (4,5 und 3,5 km)

Praktische Hinweise:

▪ Eine Tour zu Fuß, für Pkw oder Fahrrad. Mit dem Fahrrad führt ein Teil der Strecke durch den Park an der Ilm.

▪ Die Tour lässt sich im Winter nur eingeschränkt erleben, da Schloss Tiefurt und Schloss Belvedere dann geschlossen sind – dafür lässt sich von Dez. bis April die Orangerie von Schloss Belvedere besichtigen.

▪ Montags sind alle drei Museen geschlossen.

Tour-Start:

Wollen Sie wissen, wie man als Fürst im 18. Jh. so lebte? Dann kommen Sie doch mit auf diese Schlössertour. Bus Nr. 1 bringt Sie vom zentralen Goetheplatz südwärts zum ****Schloss Belvedere** › S. 65. Das Rokokoschloss mit Park, Orangerie und Russischem Garten diente den Weimarer Herzögen als Jagdschlösschen.

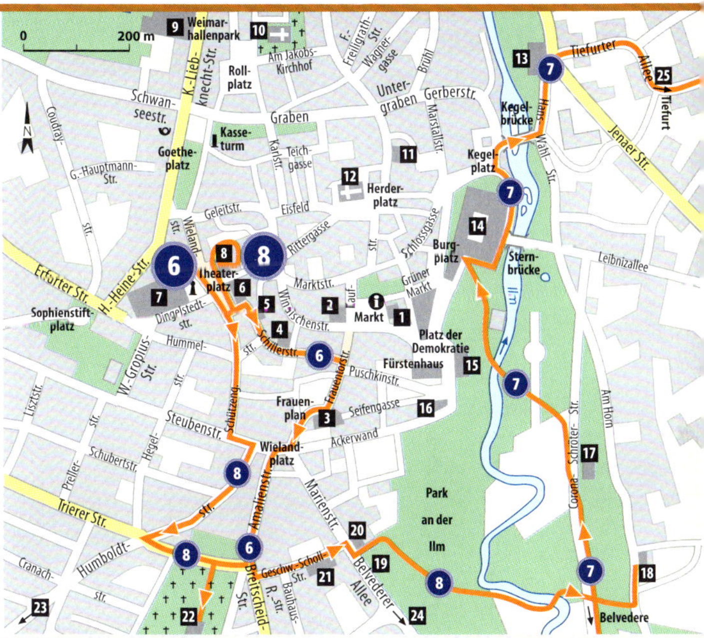

Touren in der Stadt

Tour 6

Auf Schillers Spuren

Goethe-Schiller-Denkmal › Schillers Wohnhaus › Frauenplan › Fürstengruft im Historischen Friedhof › Restaurant Frauentor

Tour 7

Schlösser und Parks in und um Weimar

Schloss Belvedere › Park an der Ilm mit Goethe-Gartenhaus › Stadtschloss › Schloss und Schlosspark Tiefurt

Tour 8

Bauhaus-Rundgang

Bauhaus-Museum › Denkmal für die Märzgefallenen 1920 › Bauhaus-Universität › Haus am Horn › Neues Bauen am Horn

1 Cranachhaus
2 Rathaus
3 Goethe Nationalmuseum
4 Schillers Wohnhaus
5 Weimar-Haus
6 Wittumspalais
7 Deutsches Nationaltheater
8 Bauhaus-Museum
9 Bertuchhaus
10 Jakobskirche
11 Kirms-Krackow-Haus
12 Stadtkirche St. Peter und Paul
13 Goethe- und Schiller-Archiv
14 Stadtschloss
15 Herzogin Anna Amalia Bibliothek
16 Haus der Frau von Stein
17 Goethes Gartenhaus
18 Haus am Horn
19 Parkhöhle
20 Liszt-Museum
21 Bauhaus-Universität
22 Historischer Friedhof
23 Nietzsche-Archiv
24 Schloss Belvedere
25 Schloss und Park Tiefurt

Zurück in die Stadt geht es an der Belvederer Allee vorbei an Kleingärten, dann durch den ****Park an der Ilm** › S. 61. In dieser weitläufigen Parkanlage befinden sich mehrere historische Gebäude und Anlagen des Gartenbaus. Ein Höhepunkt ist ein Besuch in *****Goethes Gartenhaus** › S. 63.

Zum Stadtzentrum hin schließt den Park das zweite der drei Schlösser ab, die Sie heute besuchen: das ***Stadtschloss** › S. 62 mit den Kunstsammlungen von Weimar.

Bus 9 ab der Herderstraße bringt Sie dann in östlicher Richtung zum dritten Höhepunkt: ****Schloss Tiefurt** › S. 65, dessen Park eine Schleife der Ilm umschließt. Mit seinem schönen Mobiliar und Porzellan lässt Anna Amalias Sommerresidenz heute wieder die Stimmung des frühen 18. Jhs. aufleben. Zurück ins Stadtzentrum gelangen Sie zu Fuß über die Tiefurter Allee und durch ein kleines Wäldchen.

Bauhaus-Rundgang

Tour-Übersicht:

Verlauf: Bauhaus-Museum › Denkmal für die Märzgefallenen 1920 › Bauhaus- Universität › Haus am Horn › Neues Bauen am Horn

Dauer: Ein halber Tag, 3,5 km reine Wegstrecke

Praktische Hinweise:
- Spaziergang oder Fahrradtour.
- Die Öffnungszeiten des Hauses am

Horn beschränken die geeigneten Tage auf Mi, Sa oder So.
- Bauhaus-Touren zu den wichtigsten Stätten bieten Studenten der Bauhaus-Universität (www.uni-weimar.de/bauhausspaziergang).
- Eine Bauhaus-Broschüre der Tourist-Information empfiehlt weitere Orte, die mit dem Bauhaus verbunden waren (für 2,50 Euro zu bestellen: www.weimar.de).

Tour-Start:

Mit seinen klaren, schnörkellosen Formen eroberte ein neuer Architekturstil zwischen den Weltkriegen von Weimar aus die Welt: das Bauhaus.

Der Rundgang beginnt im ****Bauhaus-Museum** › S. 60 am Theaterplatz. Über Schützengasse und Amalienstraße gelangen Sie zum **Historischen Friedhof** › S. 64, wo das Denkmal für die Märzgefallenen 1920 von Walter Gropius steht. Es handelt sich aber nur um eine Replik – das Original wurde von den Nazis zerstört.

Nur wenige Schritte von hier entfernt liegt die ***Bauhaus-Universität** › S. 64 mit dem Henry-van-de-Velde-Bau und der ehemaligen Kunstgewerbeschule. In den markanten Gebäuden finden sich noch zahlreiche Spuren der Bauhaus-Designer.

Durch den ****Park an der Ilm** › S. 61 kommt man zum ***Haus am Horn** › S. 63, der einzigen in Weimar realisierten Bauhausarchitektur. Gleich dahinter, zwischen der

Straße Am Horn und der Leibniz-allee, erstreckt sich das Quartier Neues Bauen am Horn mit moder-nen Bauten, die als Hommage an die Bauhaus-Architekten errichtet wurden.

Unterwegs in Weimar

Im Zentrum

Cranachhaus

Das älteste erhaltene Gebäude am Markt wurde 1547–1549 errichtet. Lucas Cranach d. Ä. richtete hier 1552 ein Atelier ein, in dem heute die Kleinkunstbühne »Theater im Gewölbe« zu erleben ist. Das links angrenzende Stadthaus mit seiner spätgotischen Fassade wurde 1970 rekonstruiert und ist Sitz der Tou-rist-Information.

Rathaus **2**

Nachdem zwei Vorgängerbauten abbrannten, wurde der heutige, dreigeschossige Bau 1841 im neogo-tischen Stil errichtet. Im Turm er-klingt viermal täglich ein Glocken-spiel, das aus Meißener Porzellan hergestellt wurde. Es spielt verschie-dene Melodien mit Weimar-Bezug, lässt sich aber auch per Hand bedie-nen.

***Goethe Nationalmuseum **3**

In dem schlichten Barockbau lebte Goethe von 1782 bis zu seinem Tod 1832. Im Innern zeigt sich das Haus noch so, wie es der Dichterfürst ein-gerichtet hatte. Fast vollständig er-halten sind die Bibliothek sowie die kunst- und naturwissenschaftlichen Sammlungen. Das Goethe-Natio-nalmuseum zeigt eine Ausstellung zur Weimarer Klassik (Frauen-plan 1, Tel. 0 36 43/54 54 00, www.klassik-stiftung.de, April–Okt. Di bis So 9–18, Sa bis 19 Uhr, sonst Di bis So 9–16 Uhr).

Schillers Wohnhaus **4

Schiller erwarb 1802 unter großen finanziellen Opfern dieses Gebäu-de. Das Haus, in dem er die letzten Werke, u. a. »Wilhelm Tell«, schrieb, ist seit 1847 Gedenkstätte (Schiller-str. 12, Tel. 0 36 43/54 54 00, geöff-net wie Goethe-Nationalmuseum).

Vor dem Cranachhaus

Goethe-Schiller-Denkmal

Weimar-Haus 5

Technisch sehr aufwendig insze-
niert das multimediale Erlebnis-
museum Weimar-Haus die Stadtgeschichte. Es entführt auf eine
bildhafte Zeitreise von der Frühzeit
über das Mittelalter und die Weimarer Klassik bis hin zu Napoleons
Einmarsch in die Stadt (Schiller-
str. 16, Tel. 0 36 43/90 18 90, www.
weimarhaus.de, April–Sept. tgl.
9.30–18.30, sonst 9.30–17.30 Uhr).

*Wittumspalais 6

Am Theaterplatz liegt der Witwen-
sitz der Herzogin Anna Amalia von
Sachsen-Weimar. Den 1767 für einen ihrer Minister errichteten Bau
erwarb sie 1774. Hier traf sich alles,
was in Weimar Rang und Namen
hatte. Heute erhält man einen inter-

essanten Einblick in die Wohn- und
Repräsentationsräume des ausge-
henden 18. Jhs. (Tel. 0 36 43/
54 54 00, April–Okt. Di–So 10–18,
Nov.–März nur bis 16 Uhr).

Deutsches Nationaltheater 7

Obwohl es nicht mehr das Haus ist,
in dem Goethe als Intendant wirkte
und Franz Liszt Richard Wagners
»Lohengrin« zur Uraufführung
brachte, ist es eines der berühmtesten Gebäude Weimars. Der heutige
Bau wurde 1908 eingeweiht. Hier
tagte 1919 die deutsche Nationalversammlung, die der Weimarer
Republik ihren Namen gab. Nach
der Zerstörung im Zweiten Weltkrieg wurde das Theater 1948 mit
Goethes »Faust« wieder eröffnet.
Heute werden moderne Theaterstü-
cke und Konzerte der Staatskapelle
Weimar aufgeführt. Auf dem Theaterplatz steht das **Goethe-Schiller-
Denkmal**, das die Dichter Seite an
Seite zeigt (Theaterplatz 2, Tel.
0 36 43/75 53 34, www.nationathe-
ater-weimar.de).

**Bauhaus-Museum 8

Das Gebäude war einst das Kulis-
senhaus des Deutschen National-
theaters. Aus dem Staatlichen Bauhaus, 1919 aus der Kunstgewerbeschule Henry van de Veldes hervor-
gegangen, wurde eine Designhoch-
schule mit internationalem Renom-
mee. Anlässlich des 90. Jubiläums
erklärte man 2009 zum Bauhaus-
jahr (www.bauhaus 2009.de). Mit
über 300 Exponaten vermittelt das
Bauhaus-Museum einen Einblick in

die Entwicklung des Bauhauses an seinem Gründungsort. 2018 wird ein neues Bauhaus-Museum entstehen (Tel. 0 36 43/54 54 00, www.das-bauhaus-kommt.de, Mi–Mo 10 bis 18, Winter bis 16 Uhr).

Nördliche Altstadt

Bertuchhaus 9

Das klassizistische Wohn- und Geschäftshaus, 1780 erbaut und 1803 erweitert, ist nach dem Verleger und Fabrikanten Friedrich Justin Bertuch benannt. Der Zeitgenosse von Goethe war Herausgeber einer der ersten modernen europäischen Zeitschriften. Heute ist hier das Stadtmuseum untergebracht mit einer Ausstellung zur Stadtgeschichte, u. a. mit Originalfotos der Tagung der Nationalversammlung 1919 (Karl-Liebknecht-Str. 5–9, Tel. 0 36 43/8 26 00, www.stadtmuseum.weimar.de Di–So 10–17 Uhr).

Jakobskirche 10

Der einschiffige Barockbau wurde 1712–1717 errichtet. In der Sa-kristei heiratete Goethe am 19. Oktober 1806 Christiane Vulpius. Auf dem Jakobsfriedhof sind Christiane von Goethe und Lucas Cranach d. Ä. beigesetzt; Friedrich Schiller wurde im Kassengewölbe beerdigt (April–Okt. Mo–Sa 10–16, So 11–16, sonst tgl. 11–15 Uhr).

Kirms-Krackow-Haus 11

In dem zu Beginn des 16. Jhs. erbauten, im 18. Jh. erweiterten Kirms-Krackow-Haus ist ein Wohnensemble aus der Goethezeit mit dem Originalmobiliar der Bewohner zu erleben – ein Zeugnis bürgerlicher Wohnkultur in klassischer und nachklassischer Zeit. Der Garten mit seinen Lauben, Obstspalieren und Blumenrabatten ist ein typisches Beispiel klassizistischer Gartenkultur (Jakobstr. 10, Tel. 0 36 43/54 53 83, 25. März–Okt. Fr 13.30–17, Sa/So 10–17 Uhr).

*Stadtkirche St. Peter und Paul 12

Die Kirche war ursprünglich eine dreischiffige spätgotische Hallenkirche und wurde 1735–1745 barockisiert. Unter ihrer Orgelempore wurde der Dichter Johann Gottfried Herder, der 1776 auf Vermittlung Goethes nach Weimar kam, beigesetzt. Innen steht ein Flügelaltar von Lucas Cranach d. J. (1555). Hinter der Kirche kennzeichnet eine kleine Gedenktafel Herders Amtswohnung (April–Okt. Mo–Fr 10–18, S 10–12, 14 bis 16, So 10–12, 14 bis 15, Nov.–März tgl. 11–12, 15 bis 16 Uhr).

Goethe- und Schiller-Archiv 13

Die Gebäude für das älteste Literaturarchiv Deutschlands wurden 1893–1896 errichtet. Über 100 Nachlässe sowie Einzelmanuskripte und Briefe von etwa 1900 Persönlichkeiten werden hier aufbewahrt, darunter Kostbarkeiten wie Hebbels Tagebücher und die Reinschrift des zweiten Teils von Goethes »Faust« (Hans-Wahl-Str. 4, Tel. 0 36 43/54 52 40, Mo–Do 8.30–18, Fr bis 16 Uhr).

Erst- klassig

Die wichtigsten Wirkungsstätten Goethes

- **Weimar mit Goethe-Nationalmuseum, Goethes Gartenhaus im Park an der Ilm, Goethe-Schiller-Denkmal und Fürstengruft:** Ein Muss ist der Besuch von Goethes bedeutendsten Wirkungsstätten, allen voran sein Wohnhaus am Frauenplan › S. 59.

- **Ilmenau mit Gedenkstätte im Amtshaus, Goethe-Denkmal, Museum im Jagdhaus Gabelbach und Goethehäuschen auf dem Kickelhahn:** Hier scheiterte Goethe bei der Wiederbelebung des Bergbaus, die Natur inspirierte ihn zum berühmten »Wanderers Nachtlied« › S. 102.

- **Gundelachsches Haus in Stützerbach mit Wohn- und Arbeitszimmer:** Mehrfach weilte der Dichter und Forscher im Haus eines Glashüttenbesitzers, heute dokumentiert ein Museum sein Wirken › S. 103.

- **Goethe-Gedenkstätte auf Schloss Kochberg in Großkochberg:** Im einstigen Sitz der Familie von Stein erinnern mehrere Räume an Goethes Freundschaft mit Charlotte von Stein › S. 119.

- **Dornburger Schlösser mit Goethe-Gedenkstätte:** Ab 1776 logierte Goethe regelmäßig in Dornburg, betrieb Studien und verfasste die »Dornburger Gedichte« › S. 123.

- **Jena mit Gedenkstätte und Goethe-Ginkgo:** Das ehemalige Inspektorhaus im Botanischen Garten diente Goethe als Wohn- und Arbeitsstätte. Ein alter Gingko-Baum erinnert an diese Zeit › S. 124.

Rund um den **Park an der Ilm**

Der 60 ha große Park an der Ilm ist eine der Hauptattraktionen Weimars. Die Auen an der Ilm wurden schon ab 1778 in einen idyllischen Landschaftspark umgestaltet, der zu ausgedehnten Spaziergängen einlädt.

Stadtschloss 14

Nach Bränden 1618 und 1774 veranlasste Herzog Carl August den zweiten Neubau, der 1803 vollendet war. Die Dreiflügelanlage wurde 1914 durch einen neobarocken Südtrakt geschlossen. Die klassizistischen Prunkräume mit Festsaal und großem Treppenhaus zählen zu den bedeutendsten Europas. Das Schlossmuseum besitzt eine Sammlung hochkarätiger europäischer Kunst von der Reformationszeit bis zum Beginn des 20. Jhs. Höhepunkte sind die Mittelalterabteilung, eine Sammlung russischer Ikonen des 15. bis 17. Jhs. und die Lucas-Cranach-Galerie (Tel. 0 36 43/54 54 00, www.klassik-stiftung.de, April bis Okt. Di–So 9.30–18, Nov.–März 9.30–16 Uhr).

***Herzogin Anna Amalia Bibliothek** 15

Die Einrichtung des Grünen Schlosses samt Bibliothek wurde durch Herzog Johann Wilhelm begründet und durch Anna Amalia der Öffentlichkeit zugänglich gemacht. Ab 1797 hatte Goethe die Oberaufsicht über das Schloss. Die Herzogin-

Anna-Amalia-Bibliothek umfasst etwa 850 000 Bände, ihr Schwerpunkt liegt auf der deutschen Klassik. Das Gebäude wurde im 16. Jh. im Renaissancestil errichtet und 1761–1766 im Stil des Rokoko umgestaltet.

Ein Brand zerstörte September 2004 den Bibliothekssaal (Rokokosaal). Die Bibliothek wurde danach aufwendig restauriert und Ende 2007 wieder eröffnet. Der Rokokosaal ist zu besichtigen. Die Tickets dafür sind jedoch bis zu fünf Monate im Voraus ausgebucht, nur 50 weitere Tickets werden ab 9.30 Uhr an der Kasse im historischen Bibliotheksgebäude an Einzelbesucher verkauft (Di–So 9.30 bis 14.30 Uhr, www.anna-amalia-bibliothek.de).

Goethes Gartenhaus

Haus der Frau von Stein 🔟

Das Gebäude war einst ein Vorwerk, später diente es den Weimarer Husaren als Stallung. 1777 wurde es auf Goethes Vorschlag in ein Wohnhaus für den Oberstallmeister Josias Freiherr von Stein umgebaut, mit dessen Frau Charlotte der Dichter befreundet war. Frau von Stein lebte dort bis zu ihrem Tod 1827. Heute gehört es einem Spanier, der es sanieren will.

***Goethes Gartenhaus 🔟

Am rechten Ilmufer steht das Gartenhaus, das Goethe kurz nach seiner Ankunft bezog. Hier schrieb er »Iphigenie«. Das Mobiliar ist größtenteils original (Tel. 0 36 43/

54 54 00, April–Mitte Okt. tgl. 10 bis 18, Mitte Okt.–März 10 bis 16 Uhr).

**Haus am Horn 🔟

Das Musterhaus für die Bauhaus-Architektur wurde anlässlich der ersten großen Bauhaus-Ausstellung 1923 errichtet. Es ist in seiner ursprünglichen Fassung zu besichtigen (Mi, Sa, So 11–18 Uhr, www.hausamhorn.de). Rund ums Museum entstand im Rahmen des Projekts Neues Bauen am Horn ein Stadtquartier als Hommage an das Bauhaus.

Parkhöhle 🔟

Ende des 18. Jhs. ließ Herzog Carl August im Ilmpark ein Stollensystem zur Bierlagerung graben. Die 12 m tiefe Anlage ist Museum; dokumentiert wird neben Geologie und Bergbau die Weimarer Stadtgeschichte (Tel. 0 36 43/51 19 19,

April–Okt. Di–So 10–18, Nov. bis März Di–So bis 16 Uhr).

Liszt-Haus 20

In einem Gebäude der ehem. Hofgärtnerei, das Friedrich Liszt von 1869 bis 1886 in den Sommermonaten bewohnte, widmet sich heute das Liszt-Museum dem Leben und Werk des Komponisten (Marienstr. 17, Tel. 0 36 43/54 53 88, April bis Mitte Okt. Di–So 10–18, Winter Sa/So 10–16 Uhr).

Südlich der Altstadt

Bauhaus-Universität 21

Über die Belvederer Allee gelangt man schnell zur Bauhaus-Universität in der Geschwister-Scholl-Straße mit den Gebäuden der **ehemaligen Kunstschule** und der **ehemaligen Kunstgewerbeschule**. Hier nahm das Bauhaus 1919 seinen Anfang (www.uni-weimar.de).

Historischer Friedhof 22

Hier sind in der ***Fürstengruft** hinter der russisch-orthodoxen Kapelle Goethe und Schiller beigesetzt. Nach einer DNA-Untersuchung wurde festgestellt, dass nicht Schillers Gebeine im Sarg lagen, daher ist sein Sarg jetzt leer. Auf dem Friedhofsgelände liegen ferner die Gräber der Familie von Goethe, Charlotte von Stein und Goethes Sekretär J. P. Eckermann (April–Okt. Mi–Mo 10–18, sonst 10–16 Uhr).

Nietzsche-Archiv 23

In der Villa Silberblick verbrachte der Philosoph die letzten drei Jahre seines Lebens bis zu seinem Tod am 25. August 1900. Das Gebäude, das Henry van de Velde 1902/03 umgestaltete, zählt mit der fast komplett erhaltenen Innenausstattung zu den eindrucksvollsten Beispielen des Jugendstils in Deutschland. Zu besichtigen sind die Bibliothek mit der

Anna Amalias Sommersitz: Schloss Belvedere vor den Toren der Stadt Weimar

berühmten Büste von Max Klinger sowie das Arbeitszimmer des Philosophen (Humboldtstr. 36, Tel. 0 36 43/54 51 59, April–Okt. Di bis So 11–17 Uhr).

Am Stadtrand

**Schloss Belvedere 24

Über die Belvederer Allee kommt man zum barocken Jagd- und Lustschloss der Weimarer Herzöge (1724–1739). Zwischen 1756 und 1775 diente es Anna Amalia als Sommersitz. Die Sammlung zeigt Porzellan, Fayencen, Gläser und Möbel. Umgeben wird das Schloss von einem 42 ha großen Park. Die ursprünglich barocken Gartenanlagen wurden im 19. Jh. zu einem Landschaftspark umgestaltet. Heute kann man hier die Orangerie, den Russischen Garten und das Heckentheater besichtigen (Tel. 0 36 43/54 54 00, Schloss: April–Okt. Di–So 10–18, Orangerie: wechselnde Ausstellungen im Frühjahr, der Park ist ganzjährig frei zugänglich).

***Schloss und Park Tiefurt 25

4 km östlich von Weimar steht an der Ilm das Schloss, das 1781 der Sommersitz von Herzogin Anna Amalia wurde. Das Interieur spiegelt den Geschmack der Zeit um 1800 wider. Im englischen Landschaftspark kann man zahlreiche Denkmäler und Gedenksteine sowie den Teesalon besichtigen (Hauptstr. 14, Tel. 0 36 43/54 54 00, April–Okt. Di–So 10–18 Uhr, der Park ist ganzjährig geöffnet).

Konzentrationslager Buchenwald

Der 478 m hohe Ettersberg erhebt sich 8 km nordwestlich von Weimar. Hier erstreckte sich das Gelände des Konzentrationslagers Buchenwald. Von 1937 bis 1945 wurden dort 50 000 Menschen ermordet. Nach dem Krieg übernahm die Sowjetunion die Kon-trolle über das Lager. Von 1945 bis 1950 waren in dem »Speziallager 2« 28 000 Menschen ohne ordentliche Gerichtsverfahren inhaftiert. Man geht davon aus, dass 7000 von ihnen den unmenschlichen Haftbedingungen erlagen. Das Gelände ist nahezu unverändert erhalten, nur die Häftlingsbaracken stehen nicht mehr. Die Gedenkstätte Buchenwald in der ehemaligen Effektenkammer zeigt eine Dokumentation zur Geschichte des Lagers und eine Kunstausstellung mit Arbeiten von Häftlingen (Tel. 0 36 43/43 00, www. buchenwald.de, April–Okt. Di–So 10–18, sonst 10–16 Uhr).

Info

Tourist Information Weimar
▌ Markt 10 | 99423 Weimar
▌ Tel. 0 36 43/74 50
▌ www.weimar.de

Hotels

Hotel Elephant ●●●
Traditionsreiche Nobelherberge in zentraler Lage; 99 individuell ausgestattete Zimmer mit Bauhaus-Details, zwei Restaurants.
▌ Markt 19
▌ Tel. 0 36 43/80 20
▌ www.hotelelephantweimar.com

Grand Hotel Russischer Hof ●●●

Elegantes 5-Sterne-Hotel nahe der Altstadt; mit hauseigener Café-Konditorei.

▪ Goetheplatz 2 | Tel. 0 36 43/77 40
▪ www.russischerhof-weimar.com

Hotel Am Frauenplan ●●

Haus der gehobenen Mittelklasse mit modern eingerichteten Zimmern, direkt gegenüber dem Goethehaus.

▪ Brauhausg. 10 | Tel. 0 36 43/4 94 40
▪ www.hotel-am-frauenplan.de

Jugendgästehaus Maxim Gorki ●

Ruhige Lage am Stadtrand, 60 Betten, auch Familienzimmer.

▪ Zum Wilden Graben 12
▪ Tel. 0 36 43/85 05 00
▪ www.weimar-gorki.
  jugendherberge.de

Camping

Ilmtal Oettern

Kleiner Platz 10 km südlich von Weimar im Landschaftschutzgebiet Mittleres Ilmtal (geöffnet Mitte April–Okt.).

▪ 99438 Oettern | Tel. 03 64 53/8 02 64
▪ www.camping-oettern.de

Restaurants

Anna Amalia ●●●

Das Sterne-Restaurant im Hotel Elephant zählt zu den besten Thüringens. Mai–Sept. Mo geschl., sonst Mo/Di

▪ Markt 19 | Tel. 0 36 43/80 20
▪ www.restaurant-anna-amalia.com

Gasthaus Zum Weißen Schwan

●●–●●●

Regionale Küche in einem der ältesten Gasthäuser Europas. So/Mo geschl.

▪ Frauentorstr. 23 | Tel. 0 36 43/90 87 51
▪ www.weisserschwan.de

Residenz-Café ●●

Große Speisenauswahl von Frühstück über Pasta bis Fisch im Ambiente eines traditionsreichen Kaffeehauses.

▪ Grüner Markt 4 | Tel. 0 36 43/5 94 08

Köstritzer Schwarzbierhaus ●●

Thüringer Spezialitäten in einem Fachwerkhaus aus dem 16. Jh.

▪ Scherfgasse 4 | Tel. 0 36 43/77 93 37

Suppenbar Estragon ●

Jeden Tag wechselnde Suppen, vegetarische Angebote. Mo–Sa 10–19, So. 10 bis 16 Uhr.

▪ Herderplatz 3 | Tel. 0 36 43/80 44 77

Nightlife

Kasseturm

Weimarer Studentenklub mit Livemusik, Disko, Kabarett und Kleinkunst in einem Gewölbekeller am Goetheplatz.

▪ Goethepl. 10 | Tel. 0 36 43/85 16 70
▪ www.kasseturm.de

Shopping

Weimarer Porzellanmanufaktur

Das Weimarer Porzellan wird nahe Blankenhain gefertigt. Werksverkauf.

▪ Christian-Speck-Str. 5
▪ 99444 Blankenhain
▪ Tel. 03 64 59/6 00
▪ www.weimar-porzellan.de

GinkgoLand Shop

Originellen Schmuck in Form von Ginkgoblättern gibt es im Ginkgomuseum am Marktplatz.

▪ Windischenstr. 1
▪ Tel. 0 36 43/ 80 54 52
▪ www.planet-weimar.de

Domplatz in Erfurt

Im Herzen Thüringens

Das Beste!

- **Bei der Glockenführung im Erfurter Dom** der »Gloriosa« lauschen › S. 72
- **Eine gemütliche Reise** mit der Thüringerwaldbahn machen › S. 82
- **In den Kasematten** von Gothas Schloss Friedenstein in den Untergrund abtauchen › S. 80
- **Eine leckere Bratwurst genießen** nach dem Besuch des Deutschen Bratwurstmuseums › S. 83

Erfurt, Gotha und Arnstadt liegen im Zentrum von Thüringen und gehören neben Weimar und Eisenach zu den kulturell bedeutendsten Städten des Landes.

In Erfurt, das einen der besterhaltenen mittelalterlichen Stadtkerne Deutschlands besitzt, studierte einst Martin Luther. Besonders sehenswert ist der Dom mit seinen Glasmalereien im Chor.

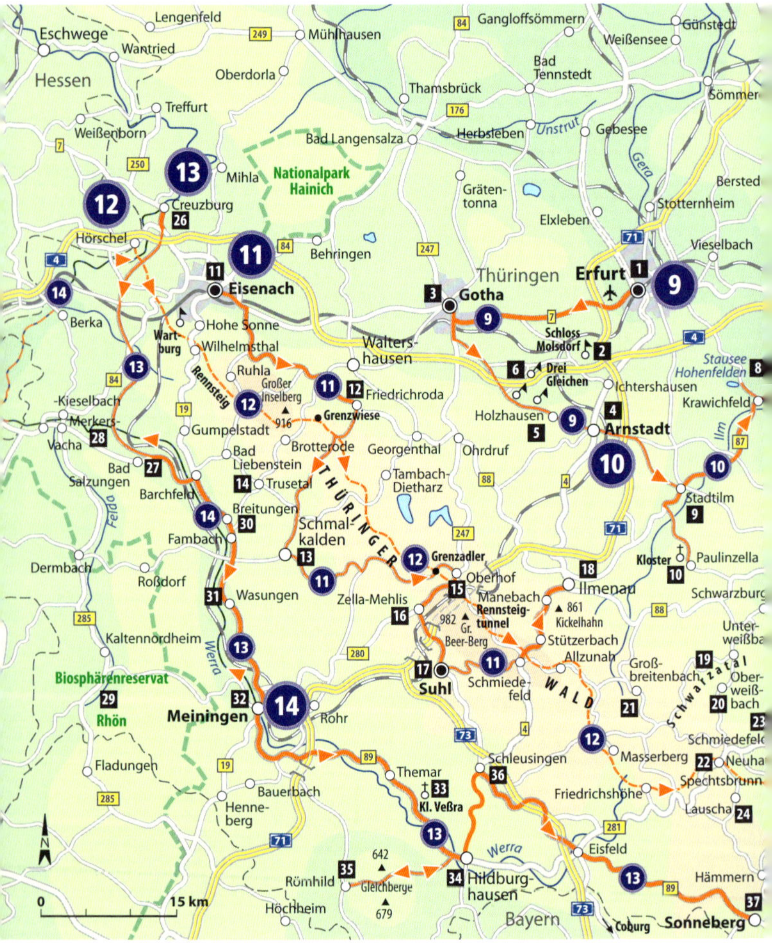

Das Wahrzeichen Gothas ist Schloss Friedenstein, die größte frühbarocke Schlossanlage in Deutschland mit über 300 Räumen und einer bedeutenden Kunstsammlung. Jeden Sommer findet hier im ältesten Barocktheater Deutschlands das Ekhof-Festival für Stücke des 17. und 18. Jhs. statt.

In Arnstadt erhielt einst der erst 18-jährige Johann Sebastian Bach eine Anstellung als Organist, woran die Bach-Gedenkstätte erinnert. Ein weiteres Highlight ist die Puppensammlung »Mon Plaisir« im Schlossmuseum, die ein detailliertes Abbild einer kleinen deutschen Residenzstadt des 18. Jhs. gibt.

Touren in der Region

Tour ❾

Städtedreieck in Thüringens Mitte

Erfurt › **Gotha** › **Arnstadt**

Tour ❿

Durch das Ilmtal

Arnstadt › **Klosterruine Paulinzella** › **Stadtilm** › **Hohenfelden** › **Bad Berka**

Tour ⓫

Von der Wartburg in den Thüringer Wald

Eisenach › **Friedrichroda** › **Schmalkalden** › **Oberhof** › **Zella-Mehlis** › **Suhl** › **Ilmenau**

Tour ⓬

Wanderung auf dem Rennsteig

Hörschel › **Hohe Sonne** › **Grenzwiese** › **Grenzadler** › **Allzunah** › **Friedrichshöhe** › **Spechtsbrunn** › **Brennersgrün** › **Blankenstein**

Tour ⓭

Burgen und Schlösser im Werratal

Creuzburg › **Bad Salzungen** › **Wasungen** › **Meiningen** › **Kloster Veßra** › **Römhild** › **Schleusingen** › **Sonneberg**

Tour ⓮

Wasserwandern auf der Werra

Meiningen › **Bad Salzungen** › **Vacha** › **Hörschel** › **Creuzburg**

Touren in der Region

Städtedreieck in Thüringens Mitte

Tour-Übersicht:

> **Verlauf: Erfurt › Gotha › Arnstadt**
>
> **Dauer:** 3 Tage, 56 km
> **Praktische Hinweise:**
> - Diese Pkw-Tour kann man auch gut per Bahn unternehmen, dann sollten Sie jedoch Erfurt in die Mitte nehmen.

Tour-Start:

Beginnen Sie in ****Erfurt** › S. 71 am besten mit einem Bummel über den Fischmarkt, den prächtige Gebäude umrahmen. Spazieren Sie weiter zum ****Dom** mit seiner gewaltigen Treppenanlage und versäumen Sie nicht die Führung zur mächtigen Glocke Gloriosa. Im **Augustinerkloster** können Sie in die Zelle Martin Luthers blicken. Schöne Fotomotive mit Blick auf Erfurt finden Sie zum Sonnenuntergang auf der ehemaligen Festung **Petersberg**. Am nächsten Tag geht es weiter in die ehemalige Residenzstadt ***Gotha** › S. 78. Die Sehenswürdigkeiten, darunter das Schloss Friedenstein mit dem Schlossmuseum sowie das Rathaus, lassen sich gut bei einem ausgedehnten Spaziergang erkunden. Am dritten Tag wartet eine der schönsten thüringischen Kleinstädte auf Sie: ****Arnstadt** › S. 82.

Schlendern Sie durch den Schlossgarten und schauen Sie sich im Gärtnerhaus die Stadt einmal aus der Vogelperspektive an – nämlich im Maßstab 1 : 200. Das Modell zeigt Arnstadt im Jahre 1740, eingegrenzt durch den mittelalterlichen Mauerring.

Durch das Ilmtal

Tour-Übersicht:

> **Verlauf: Arnstadt › Klosterruine Paulinzella › Stadtilm › Hohenfelden › Bad Berka**
>
> **Dauer:** 2–3 Tage, 65 km
> **Praktische Hinweise:**
> - Diese Tour fährt man am bequemsten mit dem Auto. Sie lässt sich aber auch gut per Rad befahren, verläuft sie doch z. T. an der Strecke des **Ilmtal-Radwanderwegs** (www.ilmtal-radwanderweg.de).

Tour-Start:

Rund 22 km südlich von ****Arnstadt** › S. 82 gelangt man zur stimmungsvollen Ruine des Benediktinerklosters ****Paulinzella** › S. 84. Der Himmel bildet heute das Dach des 900 Jahre alten Kirchenschiffs – aber vielleicht macht gerade das den Zauber dieses bedeutendsten Bauwerks der Romanik in Thüringen aus. Ein Kontrastprogramm aus dem Rokoko bietet dann die Stadtkirche St. Marien im 11 km entfernten **Stadtilm** › S. 84. Am Oberlauf der Ilm entlang geht es über Kranichfeld weiter nach **Hohenfelden** › **S. 84**, wo ein großes Freilichtmuseum zeigt, wie die Thüringer Bauern in früheren Jahrhunderten gelebt haben. Noch einmal über Kranichfeld kommt man schließlich in den Luftkurort **Bad Berka** › **S. 83**. Vom Paulinenturm hat man einen sehr guten Blick über das Ilmtal. Von Bad Berka lohnt sich ein Abstecher ins rund 4 km entfernte **Buchfart**, denn dort steht an einer überdachten Brücke eine Wassermühle (1816–1818) mit historischem Mahlwerk. In Bad Berka stoßen Sie übrigens auf die Bier- und Burgenstraße, die vom Thüringer Wald bis in den Bayerischen Wald führt (www.bierundburgenstrasse.de).

Unterwegs in der Region

★★Erfurt ①

Die Hauptstadt von Thüringen (203 000 Einw.) hieß wegen ihrer 43 Kirchen und 36 Klöster im Mittelalter das deutsche Rom und die Turmreiche. Man kann die zwischen Anger und Domplatz gelegene Altstadt wegen ihrer historischen Bauten und der weitgehend erhaltenen mittelalterlichen Struktur fast als architektonisches Freilichtmuseum bezeichnen. Im Mittelalter war es der Färberwaid, dem Erfurt seine wirtschaftliche Bedeutung verdankte. Mitte des 17. Jhs. wurde er durch das billigere Indigo aus Indien abgelöst. Hundert Jahre später besann man sich auf die fruchtbaren Böden der Gegend: So sind Gartenbau und Samenzucht bis heute sehr wichtige Wirtschaftsfaktoren der Stadt.

Am Anger

Der Anger wird von repräsentativen Geschäftsbauten des 19. und 20. Jhs. sowie von prächtigen Bürgerhäusern des 16. und 18. Jhs. gesäumt. Sie entstanden, als Erfurt noch unter Einfluss des Erzbistum Mainz stand.

★★Angermuseum Ⓐ

Im wohl schönsten Profangebäude Erfurts ist das Angermuseum zu Hause. Der prächtige Barockbau (1706–1712) liegt an der Stelle des kurmainzischen Packhofes, des mittelalterlichen Warenumschlagplatzes. Das Museum zeigt Kunsthandwerk, mittelalterliche Kirchenkunst sowie expressionistische Fresken von Erich Heckel (Anger 18, Tel. 03 61/6 55 16 51, www.angermuseum.de, Di–So 10–18 Uhr.).

Bartholomäusturm Ⓑ

Der Turm ist der Überrest einer Kirche aus dem 12. Jh. Er verfügt über ein fünfoktaviges Glockenspiel mit 60 Glocken aus der Apoldaer Glockengießerei, das tgl. um 10, 12 und 18 Uhr erklingt (Tel. 03 61/6 55 56 52, www.stadtmuseum-erfurt.de, Besichtigung auf Anfrage). Gegenüber steht das barocke

Haus »Zum großen Schwantreiber und Paradies«.

*Haus Dacheröden C

Der Renaissancebau am Anger 37/38 besteht aus zwei Häusern: »Zum Güldenen Hecht« und »Zum Großen und neuen Schiff«. Er besitzt ein eindrucksvolles Portal von 1557 und einen malerischen Innenhof, in dem auch Goethe und Schiller verkehrten. Es beherbergt ein städtisches Kulturforum mit kleiner Galerie und großem Veranstaltungsprogramm.

*Kurmainzische Statthalterei D

Die monumentale Statthalterei ist ein 1711–1720 errichtetes barockes Palais, in dem bis 1802 über Erfurts Geschicke entschieden wurde. Heute ist das Gebäude Sitz der Thüringer Staatskanzlei (www.thueringen.de/de/tsk).

Barfüßerkirche E

Das Langhaus der einstigen Barfüßerkirche brannte 1944 aus und ist nur als Ruine erhalten. Schön sind die Fenster mit Glasmalereien von 1230–1240. Im gotischen Chor befindet sich eine Dependance des Angermuseums (zurzeit wegen Sanierungsmaßnahmen geschlossen).

Predigerkirche F

Die gotische Pfeilerbasilika wurde 1278–1380 erbaut und gehörte zu einem Dominikanerkloster. Zur Ausstattung zählt einer der seltenen **Lettner** (1410) in Deutschland. Im Sommer finden regelmäßig Orgel-

konzerte statt (Predigerstr. 4, www.predigerkirche.de).

**Domplatz

Der Domplatz ist mit 4 ha einer der größten Plätze Deutschlands; seine Randbebauung ist gut erhalten bzw. restauriert. Der **Obelisk** wurde 1777 zu Ehren des Mainzer Kurfürsten und Erzbischofs Karl Joseph von Erthal errichtet, die **Minerva-Statue** auf dem Brunnen in der Südecke des Platzes stammt aus dem 18. Jh. Ihr zu Füßen findet montags bis samstags der Markt statt.

**Dom G

Eine Freitreppe führt zum mächtigen Bauensemble von Dom und Severikirche, Erfurts Wahrzeichen. Der Dom besteht aus einem dreischiffigen spätgotischen Langhaus mit breiten Seitenschiffen und einem 26 m hohen **hochgotischen Chor** (1349 bis 1372). Im mittleren der drei Türme hängt die 11 450 kg schwere **Gloriosa** (1497), eine der größten frei schwingenden Glocken der Welt. Besonders das **Chorgestühl** (14. Jh.) ist von erlesener Schönheit. Die fünfzehn **Glasfenster** des Chores sind ein kostbares Zeugnis mittelalterlicher Glasmalerei (Tel. 03 61/6 46 12 65, www.dom-erfurt.de, Mai–Okt. Mo–Sa 9.30–18, So 13–18, Nov.–April Mo–Sa 9.30–17, So 13–17 Uhr, Glockenführungen zur Gloriosa Do stündlich 9–13, Fr und So 13–16, Sa 11–16 Uhr, außer 1. Sa u. So im Monat).

Ein Erlebnis sind alljährlich im Sommer die Domstufenfestspiele (www.domstufen.de).

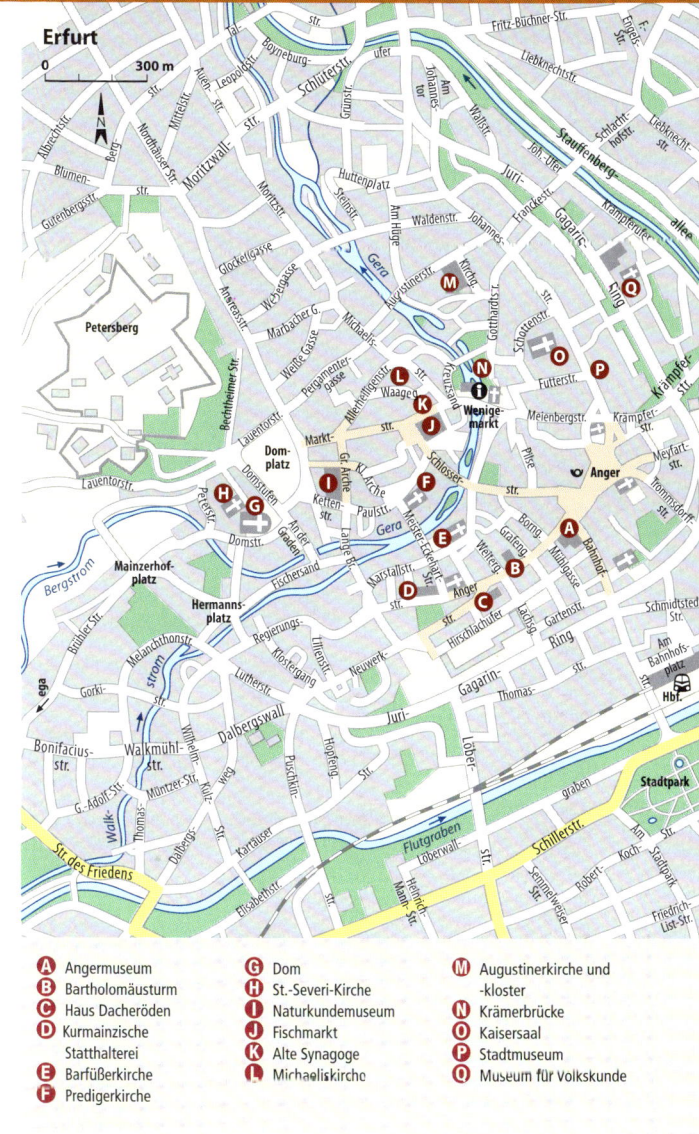

A Angermuseum
B Bartholomäusturm
C Haus Dacheröden
D Kurmainzische
   Statthalterei
E Barfüßerkirche
F Predigerkirche
G Dom
H St.-Severi-Kirche
I Naturkundemuseum
J Fischmarkt
K Alte Synagoge
L Michaeliskirche
M Augustinerkirche und
   -kloster
N Krämerbrücke
O Kaisersaal
P Stadtmuseum
Q Museum für Volkskunde

****St.-Severi-Kirche** Ⓗ

Drei spitz zulaufende Türme krönen die fünfschiffige gotische Hallenkirche (1278–1400). Achten Sie im Innern auf den Sarkophag des heiligen Severus, den 15 m hohen gotischen Taufstein aus Sandstein (1467) und den barocken Hochaltar (Tel. 03 61/57 69 60, Mai–Okt. Mo bis Sa 9–18, So 13–18, Nov.–April bis 17 Uhr).

Naturkundemuseum Ⓘ

Nahe dem Domplatz beherbergt ein Waidspeicher von 1522 das Naturkundemuseum. Auf vier Stockwerken vermittelt es Einblicke in Thüringens Landschaften. Eine 350 Jahre alte und 14 m hohe Stieleiche verbindet als Baumplastik alle Etagen (Große Arche 14, Tel. 03 61/6 55 56 80, www.naturkunde museum-erfurt.de, Di–So 10 bis 18 Uhr).

**Erst-|
klassig**

***Fischmarkt** Ⓙ

Einer der reizvollsten Plätze Erfurts ist der Fischmarkt. Hier stehen die Renaissancehäuser »Zum Breiten Herd« (1584) und »Zum Roten Ochsen« (1562). Letzteres beherbergt die **Kunsthalle Erfurt** mit interessanten Wechselausstellungen zu Kunst, Design und Kunsthandwerk (Tel. 03 61/6 55 56 60, www.kunst-halleerfurt.de, Di–So 11 bis 18, Do 11–22 Uhr).

Alte Synagoge Ⓚ

Als eine von wenigen erhaltenen mittelalterlichen Synagogen zeugt sie von einer einst bedeutenden jüdischen Gemeinde. Im Keller befindet sich der Erfurter Schatz mit Silbermünzen und Schmiedearbeiten. Gefunden wurde auch eine Mikwe, ein rituelles Tauchbad (Waagegasse 8, Tel. 03 61/6 55 15 20, www.alte-synagoge.erfurt.de, Di bis So 10–18 Uhr).

Michaeliskirche Ⓛ

Links am neugotischen Rathaus vorbei biegt man in die Michaelisstraße mit alten Bürgerhäusern ein und erreicht die Michaeliskirche. Das zweischiffige gotische Bauwerk diente ab dem späten 14. Jh. als Universitätskirche. Gegenüber steht das rekonstruierte Gebäude der Alten Universität.

Jenseits der Gera
****Augustinerkirche und -kloster** Ⓜ

Entlang der Augustinerstraße und am Nikolaiturm (ca. 1360) vorbei kommt man zu Augustinerkirche und -kloster. Die dreischiffige, im Inneren äußerst schlichte Basilika wurde 1334 fertiggestellt und gehörte ursprünglich zu einem Augustiner-Eremitenkloster. Sehenswert sind die Fenster in der Ostwand aus dem frühen 14. Jh. Dargestellt ist die Legende des heiligen Augustinus. Im Süden der Kirche liegen die Klostergebäude mit dem Kreuzgang. Hier kann man auch die **Lutherzelle**, in der Martin Luther von 1505 bis 1511 als Mönch lebte, besichtigen. Er wurde 1507 in der Augustinerkirche zum Priester geweiht (Tel. 03 61/57 66 00, www. augustinerkloster.de, stündlich Führungen: April–Okt. Mo–Sa

Über das Flüsschen Gera spannt sich die Krämerbrücke, Erfurts ältestes profanes Bauwerk

9.30, 11, 12.30, 14, 15.30, 17 und So 11, 12 Uhr).

**Krämerbrücke

Sie ist die längste komplett mit Häusern bebaute Brückenstraße Europas (12. Jh.). 1293 brannte die Holzkonstruktion ab, 1325 wurde die Brücke aus Stein wiederaufgebaut. Die heutige Überbauung datiert aus dem 17. bis 19. Jh. Über dem Torbogen der beiden Brückenzugänge waren zwei Kirchen eingebaut. Nur noch die östliche am Wenigemarkt, die **Ägidienkirche** aus dem 14. Jh., ist erhalten.

Veranstaltung

Das Krämerbrückenfest im Juni ist Thüringens größtes Altstadtfest. Bei Musik und Straßentheater kann man auf der 120 m langen Brücke Handwerker und Händler, Gaukler und Minnesänger in Aktion erleben.

Kaisersaal

Im Kaisersaal des alten Universitätsballhauses wurde 1791 Schillers »Don Carlos« uraufgeführt, und 1891 fand hier der Parteitag der SPD statt, auf dem das »Erfurter Programm« verabschiedet wurde. Heute dient er als Kultur- und Kongresszentrum (Futterstr. 15/16, www.kaisersaal.de).

Stadtmuseum

Mehr über die Geschichte Erfurts erfährt man im Stadtmuseum im Haus »Zum Stockfisch« von 1607 mit schönem Renaissanceportal. Ein Modell der Stadt eröffnet den Rundgang durch 1260 Jahre Stadthistorie (Johannesstr. 169, Tel. 03 61/6 55 56 51, www.stadtmuseum-erfurt.de, Di–So 10–18 Uhr).

Museum für Volkskunde

Wer tiefer in die Thüringer Geschichte eindringen möchte, besuche das Museum für Volkskunde im einstigen Martinshospital (1547). Zu sehen ist u. a. die Werkstatt des letzten Thüringer Maskenmachers (Juri-Gagarin-Ring 140 a, Tel. 03 61/6 55 56 07, www.volkskunde-museum-erfurt.de, Di–So 10 bis 18 Uhr).

Egapark

Mit prächtiger Gartenarchitektur erfreut das 90 ha große Gelände der einstigen Zitadelle Cyriaksburg (1480) im Süden der Stadt. Seit 1961 ist hier die Gartenbauausstellung (Ega) angesiedelt: Es gibt Tast- und Riechgärten, Blumenausstellungen und Tropenhäuser, ein Spiel- und Freizeitzentrum, eine Sternwarte und ein Gartenbaumuseum (Gothaer Str. 38, Tel. 03 61/5 64 37 37, www.egapark.de, Mai–Mitte Sept. tgl. 9–20, März, April, Mitte Sept bis Okt. 9–18, Nov.–Febr. 10–16 Uhr, Straßenbahn Linie 2 bis ega, Linie 4 bis Gothaer Platz).

Erst-klassig

Infos

Tourist Information Erfurt

Die Stadt bietet ein umfangreiches Angebot an thematischen und multimedialen Führungen. Die Erfurt-Card lohnt sich für die Nutzung des öffentlichen Nahverkehrs und beim Besuch von Museen und Veranstaltungen.

- Benediktsplatz 1 | 99084 Erfurt
- Tel. 03 61/6 64 00
- www.erfurt-tourismus.de

Verkehr

Flughafen Erfurt-Bindersleben

- Binderslebener Landstr. 100
- 5 km westlich vom Zentrum
- Tel. 03 61/6 56 22 00
- www.flughafen-erfurt-weimar.de

Hotels

Hotel Linder Hof ●●●

Komfortables Vier-Sterne-Hotel mit Tagungszentrum, 4 km vom Zentrum.

- Azmannsdorfer Str. 27
- Erfurt-Linderbach
- Tel. 03 61/4 41 80
- www.linderhof-erfurt.de

Hotel Zumnorde am Anger ●●●

Modern gestaltete Zimmer direkt am Anger.

- Anger 50/51 | Tel. 03 61/5 68 00
- www.hotel-zumnorde.de

Mercure-Hotel ●●–●●●

Nobles Hotel in der Innenstadt mit Fitnesscenter und Solarium.

- Meienbergstr. 26/27
- Tel. 03 61/5 94 90
- www.mercure-hotel-erfurt.de

Jugendherberge ●

Moderner Bau im Villenviertel, mit Stadtbahnanschluss (Nr. 6).

- Hochheimer Str. 12
- Tel. 03 61/5 62 67 05
- www.erfurt-hochheimerstr.jugendherberge.de

Restaurants

Ratskeller ●●

Regionale Spezialitäten in historischen Gewölben.

- Fischmarkt 5 | Tel. 03 61/5 66 14 63
- www.ratskeller-erfurt.de

Zum Güldenen Rade ●●

Traditionsgaststätte mit köstlicher Thüringer Küche.

- Marktstr. 50 | Tel. 03 61/5 61 35 06
- www.zum-gueldenen-rade.de

Lutherkeller ●●

Im Gewölbekeller des Kaisersaals genießt man nach alten Rezepturen zubereitete Speisen. So–Mo geschl.

- Futterstr. 15 | Tel. 03 61/5 68 82 05
- www.lutherkeller.de

double b ●

Sympathische Kneipe mit Biergarten, die günstiges und gutes Essen bietet.
- ❚ Marbacher Gasse 10
- ❚ Tel. 03 61/2 11 51 22
- ❚ www.doubleb-erfurt.de

Theater

Erfurt Ticket Service

Karten für ca. 12 Erfurter Bühnen.
- ❚ Benediktspl. 1 | Tel. 03 61/6 64 01 00

Theater Erfurt

Opern- und Theateraufführungen im modernen Neubau von 2003.
- ❚ Placidus-Muth-Str. 1
- ❚ Tel. 03 61/2 23 31 55
- ❚ www.theater-erfurt.de

Theater Waidspeicher

Puppentheater mit Stücken für Kinder und für Erwachsene.
- ❚ Domplatz 18 | Tel. 03 61/5 98 29 24
- ❚ www.waidspeicher.de

Kabarett »Die Arche«

In der oberen Etage des Theaters Waidspeicher.
- ❚ Domplatz 18 | Tel. 03 61/5 98 29 27
- ❚ www.kabarett-diearche.de

Ballhaus Kaisersaal

Theater und Konzerte in historischen Räumen › S. 75.
- ❚ Futterstr. 15/16
- ❚ Tel. 03 61/ 5 68 80
- ❚ www.kaisersaalerfurt.de

Schotte

Kinder- und Jugendtheater mit theaterpädagogischem Zentrum.
- ❚ Schottenstr. 7 | Tel. 03 61/78 92 97 77
- ❚ www.theater-die-schotte.de

Dasdie live

Theater, Kleinkunst, anschließend Tanz.
- ❚ Marstallstr. 12 | Tel. 03 61/55 11 66
- ❚ www.dasdielive.de

Nightlife

Presseklub

Bar, Club und Lounge mit DJs und regelmäßigen Salsa-Nächten.
- ❚ Dalbergsweg 1
- ❚ Tel. 03 61/7 89 45 65
- ❚ www.presseklub.net

Engelsburg

In dem Studentenklub stehen neben Livemusik und Disko auch Open-Air-Veranstaltungen auf dem Programm.
- ❚ Allerheiligenstr. 20/21
- ❚ Tel. 03 61/24 47 70
- ❚ www.eburg.de

Cosmopolar

Stylishe Musiklounge in historischen Räumen im Stadtzentrum, Kombination von Musik und Lichtinstallationen.
- ❚ Anger 66
- ❚ Tel. 03 61/64 47 62 60
- ❚ www.cosmopolar.com

Shopping

Der vornehmste Einkaufsboulevard ist der Anger. Viel Atmosphäre besitzen die Geschäfte auf der Krämerbrücke.

Fayence und Porzellan Manufaktur Reindel

Töpferei für Porzellan und Fayencen.
- ❚ Krämerbrücke 1 | www.keram.de

Gabriele Leuschner

Eigenwillige Holzarbeiten.
- ❚ Krämerbrücke 22
- ❚ Tel. 03 61/5 62 35 03

Ausflug zu Schloss und Park Molsdorf 2

Die Barock-Rokokoanlage des Wasserschlosses liegt rund 12 km südwestlich von Erfurt. Reichsgraf von Gotter ließ es 1736–1745 in ein Lustschloss von herausragender Schönheit und prickelndem Esprit umbauen, was die Erotische Sammlung im Schlossmuseum unterstreicht. Der englische Landschaftsgarten lädt zum Lustwandeln ein (Schlossplatz 6, 99192 Erfurt-Molsdorf, Tel. 03 62 02/2 20 85, www.molsdorf.de, Di–So 10 bis 18 Uhr, stündlich Führungen).

*Gotha 3

Dass Gotha (45 800 Einw.) einst Residenzstadt war, ist kaum zu übersehen. Schon von der Autobahn kann man das imposante Schloss Friedenstein erspähen, lange bevor die Stadt in Sicht ist. Das Barockgebäude war das erste Schloss, das nach dem Dreißigjährigen Krieg fertiggestellt wurde (1654). Es ist zum Vorbild für viele Thüringer Schlösser geworden. Die Museen sind im Schlosskomplex mit dem Schlosspark vereint, und direkt unterhalb der Brunnenterrasse erstreckt sich übersichtlich die Altstadt.

*Schloss Friedenstein A

Was für ein Schloss! Es soll so viele Räume umfassen, wie das Jahr Tage hat. Eindrucksvoll in seiner Geschlossenheit ist der **Innenhof,** der nach Süden hin durch eine eingeschossige Galerie begrenzt ist. Der Festsaal ist an Prunk kaum zu überbieten. In der **Schlosskirche** (1646) stehen die Prunksärge der gothaischen Herzöge. Versäumen Sie nicht den Besuch der außergewöhnlichen Museen, deren Sammlungen zurzeit in einem umfassenden Prozess neu geordnet werden (Tel. 0 36 21/82 34 50, www.stiftung friedenstein.de, April–Okt. Di–So 10–17, Nov.–März 10–16 Uhr).

*Schlossmuseum

Die herzoglichen Gemächer des 17. bis 19. Jh.s stehen im Mittelpunkt des Schlossmuseums. Neben historischen Möbeln sind kostbare Uhren, Porzellan, Gemälde und Münzen zu sehen. Die Kunstkammer zeigt Exponate aus Gold, Silber, Elfenbein, Bernstein, Ostasiatika oder Kuriositäten wie einen der wenigen originalen Napoleon-Hüte der Welt. Eine weitere Attraktion ist der Gothaer Tafelaltar, der größte Tafelaltar Deutschlands aus der Reformationszeit mit 162 Bildtafeln (Führungen nach Anmeldung, Tel. 0 36 21/82 34 51).

Museum der Natur

Die umfangreichen naturkundlichen Sammlungen, die bis ins 17. Jh. zurückreichen, werden in den kommenden Jahren nach und nach im Westturm des Schlosses installiert. Die Dauerausstellung »Tiere im Turm« mit Tierpräparaten zu Themen wie Regenwald, Nacht oder Antarktis ist bereits zu sehen, später folgen das Naturalienkabinett, die Abteilung »Thüringer

Einst Schauplatz prunkvoller Bälle: der Festsaal in Schloss Friedenstein

Wald« und die Ursaurier. In der Zwischenzeit sind Sonderausstellungen aus der Sammlung geplant.

Historisches Museum

Das Historische Museum dokumentiert die Geschichte Gothas und der Region von der Urgeschichte bis zum 19. Jh. Schwerpunkte liegen auf Wirtschaftsgeschichte und Alltag.

Ekhof-Theater

Ein besonderer Schatz ist das Ekhof-Theater, das im Westturm zwischen 1681 und 1687 eingerichtet wurde. Es ist das einzige Theater der Welt mit noch funktionierender Bühnenmaschinerie aus dem 17. Jh. Conrad Ekhof leitete hier das erste deutsche Hoftheater mit festem Ensemble. Jeden Sommer dient es dem Ekhof-Festival als Kulisse. Neben zeitgenössischen Kostümen und Bühnenbildern verwendet man die dem Original nachempfundene Bühnenbeleuchtung und die hölzerne Kulissenverwandlungsmaschine aus dem 17. Jh. (Vorverkauf ab November, Tel. 03 61/82 34 51, www.ekhof-festival.de).

Schlosspark

In dem 1770 angelegten Landschaftspark kommt man am **Teeschlösschen ❻** (1786) vorbei zur **Orangerie ❼**. Mit ihren großzügig dimensionierten Treibhäusern bildete sie einst den oberen Teil des Barockgartens. Im nördlichen Orangenhaus ist die Stadtbibliothek untergebracht.

Östlich gegenüber, außerhalb des Parks, liegt das **Schloss Friedrichsthal ❺** (1708–1711), eine zweigeschossige Dreiflügelanlage aus der Zeit des Barock. (Führungen finden tgl. statt, Info unter Tel. 0 36 21/ 5 07 85 70)

Herzogliches Museum Gotha ❸

Im Süden des Schlosses bildete nach 1879 das Herzogliche Museum einen Ausstellungsort. 2013 wurden die Kunstsammlungen hier wieder zusammengeführt. Gezeigt werden u. a. eine Ägypten-Sammlung mit Mumien und Grabfunden, altdeutsche Meister wie das »Gothaer Liebespaar«, Werke der beiden Cranachs, Keramik aus Meißen,

Thüringen und Asien und Lackkunst aus Japan. Dazu kommen Wechselausstellungen (Parkallee 15, Tel. 0 36 21/82 34 51, April–Okt. tgl. 10–17, sonst bis 16 Uhr).

Kasematten

Von den Befestigungsanlagen des Schlosses Friedenstein wurde nie ein Schuss abgefeuert, daher hat man die oberirdischen Teile bald wieder abgetragen. Die unterirdischen Gewölbe kann man heute auf einem 300 m langen Rundgang erleben, mit Horchschächten, Ein-Mann-Löchern und 4 m tiefen Fallgruben (Führungen tgl., Info unter Tel. 0 36 21/5 07 85 70).

Erst-klassig

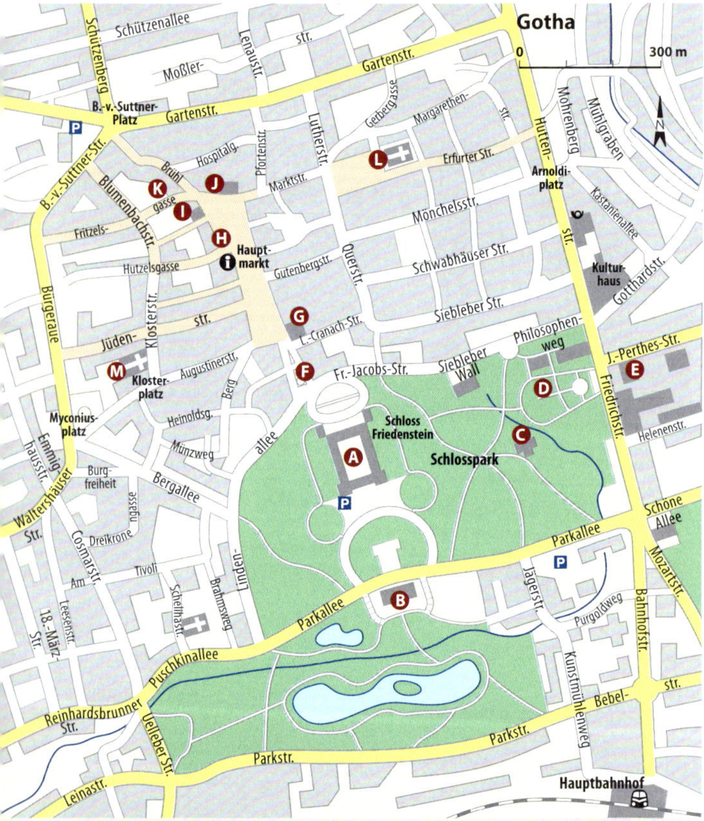

Gotha

0 ⸻ 300 m

Ⓐ Schloss Friedenstein
Ⓑ Herzogliches Museum
Ⓒ Teeschlösschen
Ⓓ Orangerie
Ⓔ Schloss Friedrichsthal
Ⓕ Wasserkunst
Ⓖ Cranach-Haus
Ⓗ Rathaus
Ⓘ Waidhaus
Ⓙ Maria-Magdalenen-Hospital
Ⓚ Haus Zum König Salomon
Ⓛ Margarethenkirche
Ⓜ Augustinerkloster

Altstadt

Zurück durch den Park erreicht man den Vorplatz Schloss Friedensteins, vom dem sich ein schöner Blick über die Altstadt bietet. Treppab kommt man zur **Wasserkunst** **F** (1895). Die Sandsteinterrasse mit großem Brunnen erinnert an den Bau des Leinakanals.

Hauptmarkt

Am denkmalgeschützten Hauptmarkt fällt das **Cranach-Haus** **G** mit dem Wappenzeichen der Malerfamilie Cranach, der geflügelten Schlange, auf. Restaurierte Bürger- und Geschäftshäuser säumen den Platz. Das ***Rathaus** **H** wurde 1567–1574 als Kaufhaus errichtet. Bis zur Fertigstellung des Schlosses diente es dem Hofstaat als Unterkunft. Bemerkenswert sind das Nordportal und der markante Turm an der Südseite.

Weitere Gebäude in der Altstadt

Im **Waidhaus** **I** (1577) wurde aus der Waidpflanze der berühmte blaue Farbstoff gewonnen. Im ältesten Teil der Stadt gründete die Landgräfin Elisabeth 1223 das **Maria-Magdalenen-Hospital** **J** am Brühl. Der Barockbau von 1719 weist ein imposantes figurenbekröntes Portal auf. Das **Haus Zum König Salomon** **K** ist das einzige mittelalterliche Bürgerhaus von Gotha. Ein Abstecher über die Marktstraße führt zur **Margarethenkirche** **L**, die gotische und barocke Stilelemente vereint (Mo–Fr 10–16 Uhr). In der Kirche des ***Augustinerklos-**ters **M** predigten der Gothaer Reformator Friedrich Myconius und der Augustinermönch Martin Luther (April–Okt. Mo–Fr 10–12, 14 bis 16, Sa, So 9–10, 14–16, Tel. 0 36 21/30 58 23), www.augustiner kloster-githa.de

Infos

Gotha-Information
- Hauptmarkt 33 | 99867 Gotha
- Tel. 0 36 21/50 78 57 12
- Fax 50 78 57 20
- www.gotha.de | www.kultourstadt.de

Best Western Hotel Lindenhof ●●●
Ruhig in parkähnlicher Anlage gelegenes Vier-Sterne-Haus mit Sauna, Dampfbad und Sonnenterrasse.
- Schöne Aussicht 5 | Tel. 03 61/77 20
- www.lindenhof.bestwestern.de

Hotel am Schlosspark ●●–●●●
Gediegenes Haus in zentraler Lage, umgeben von viel Grün.
- Lindenauallee 20 | Tel. 03 61/44 20
- www.hotel-am-schlosspark.de

Thüringer Waldblick ●●
Alleinlage mit Panoramablick zu den Hängen des Thüringer Waldes; Haltestelle der Thüringerwaldbahn.
- Am Boxberg 86 | 99894 Leinatal
- Tel. 0 36 22/90 02 34
- www.hotel-thueringerwaldblick.de

Landhaus Hotel Romantik ●●
Charmantes Fachwerkhaus mit 14 stilvoll gestalteten Zimmern und neu errichteter »Burg«; Restaurant mit offenem Kaminfeuer.
- Salzgitterstr. 76 | Tel. 03 61/3 64 90
- www.landhaus-hotel-romantik.de

Restaurant

Pagenhaus ●●●

Hervorragende thüringische Küche in exklusiver Umgebung, mit Biergarten. Di–So 11–18 Uhr.

- Schloss Friedenstein
- Tel. 03 61/40 36 12
- www.romantik-restaurant-pagenhaus.de

Shopping

Gothas beliebteste Bummelboulevards sind die Erfurter Straße, die Marktstraße und der Neumarkt.

Ausflug mit der Thüringerwaldbahn

Vom Gothaer Hauptbahnhof aus kann man mit der Thüringerwaldbahn (Straßenbahnlinie Nr. 4) einen Ausflug in den Thüringer Wald machen. Seit 70 Jahren fährt sie über Reinhardsbrunn und Friedrichroda › S. 93 bis Tabarz (22,7 km; etwa 60 Min. Fahrtdauer, www.waldbahn-gotha.de).

Arnstadt 4

Die attraktive Kleinstadt (23 600 Einw.) gehörte im Mittelalter zu den fünf thüringischen Waidstädten. Johann Sebastian Bach erhielt hier seine erste Anstellung als Organist (1703–1707). Daran und an die lange Musikertradition der gesamten Bach-Familie als Organisten, Stadtpfeifer und Hofmusiker hier erinnert eine Ausstellung im Schlossmuseum (Schlosspl. 1, Tel. 0 36 28/ 60 29 32, Di–So 9.30–16.30 Uhr).

Gegenüber dem Bach-Denkmal am Marktplatz steht das niederländisch anmutende *Renaissance-Rathaus (1582–1586). Die nahe doppeltürmige *Liebfrauenkirche (ca. 1220–1330) birgt die Grablege der Grafen von Schwarzburg, einen spätgotischen Vierflügelaltar und mittelalterliche Passionsfenster.

Auf dem **Alten Friedhof** sind die 25 Mitglieder der Familie Bach begraben. Ein Ehrenmal ist den Opfern des Faschismus gewidmet.

Die Herzen großer und kleiner Kinder schlagen höher beim Anblick der Dampfloks im **Eisenbahnmuseum Arnstadt** (Rehestädter Weg 4, Tel. 01 62/58 48 49, www.cbm-arnstadt.de, Mi–Fr 10–16, Sa, So 10–17 Uhr).

Mon plaisir

6

Eine weltweit einmalige Puppensammlung: 400 Wachsfiguren von ca. 25 cm Größe im Schlossmuseum im *Neuen Palais veranschaulichen das Leben in der ersten Hälfte des 18. Jhs. Am Lebenswerk der Fürstin Augusta Dorothea von Schwarzburg-Arnstadt (1666 bis 1751) war der ganze Hofstaat bei der Gestaltung der stilechten Fürsten- und Handwerkerzimmer, Klosterräume und Straßenszenen beteiligt (Tel. 03 61/60 29 32, Di–So 9.30–16.30 Uhr).

Info

Arnstadt-Information

- Markt 1 | 99310 Arnstadt
- Tel. 0 36 28/60 20 49
- Fax 66 18 47
- www.arnstadt.de

Hotels

Hotel Stadtbrauerei Arnstadt ●●
Gediegenes Brauhaushotel mit
Apartmenthaus.
- Brauhausstr. 1–3
- Tel. 0 36 28/60 74 00
- www.arnstadt-stadtbrauerei.de

Pension Globetrotter ●
Zentral, ruhig, mit charmantem Restaurant im idyllischen Innenhof.
- Rosenstr. 24 | Tel. 0 36 28/60 37 79
- www.pension-globetrotter.de

Restaurants

Goldene Henne ●●
Gast- und Logierhaus in der Altstadt,
Biergarten, Kleinkunstbühne.
- Ried 14 | Tel. 0 36 28/58 95 60
- www.henne-arnstadt.de

Kulisse ●
Sympathisches Café mit Biergarten im
Innenhof.
- Kohlenmarkt 8 | Tel. 0 36 28/7 82 88

Shopping

Arnstadt Kristall GmbH
Handgeschliffenes Bleikristall kann man
hier im Werksverkauf günstig erwerben
(Mo–Fr 10–18, Sa 10–14 Uhr).
- Bierweg 27 | Tel. 0 36 28/66 00 36
- www.kristallwelt-arnstadt.de

Deutsches Bratwurstmuseum 5

2006 wurde in Holzhausen das
1. Deutsche Bratwurstmuseum eröffnet, dessen Ausstellung über die
Thüringer Rostbratwurst informiert. In den Genuss dieser Spezialität kommt man nebenan im
Restaurant Partyscheune (Brat-
wurstweg, Tel. 0 36 28/60 44 12,
www.bratwurstmuseum.net, April
bis Okt. Di–So 11–17 und nach
Vereinbarung).

Drei Gleichen 6

Drei Burgen bilden die sagenumwo-
bene Gruppe: Von der **Mühlburg,**
Thüringens ältester, sind der Burg-
turm und ein kleines Museum zu
besichtigen (März–Okt. Mo–Fr 10
bis 17, Sa, So 10–18 Uhr, Nov.–Febr.
nur außen). Die **Burg Gleichen**
(11. Jh.) wurde bekannt durch die
Sage von dem Grafen, der vom
Kreuzzug mit einer zweiten Frau
heimkehrte (April–Okt. Di–So 10
bis 18 Uhr). Recht gut erhalten ist
die ***Veste Wachsenburg** (1170). Das
einstige Raubritternest ist heute ein
Schlosshotel mit gutem Restaurant
und kleinem Museum. Empfehlens-
wert ist die Turmbesteigung.

Hotel

Veste Wachsenburg ●●●
Stilvoll eingerichtetes Hotel, in die Veste
integriert.
- Veste W. 91 | 99310 Holzhausen
- Tel. 0 36 28/7 42 40
- www.wachsenburg.com

Bad Berka 7

Sehenswert sind hier die **Kirche**
(1727–1741), das klassizistische
Zentrum mit dem **Rathaus** (1817)
und der liebevoll rekonstruierte
Kurpark mit Badegesellschafts- oder
Coudray-Haus (1825), in dem heute

Ausstellungen stattfinden. Goethe besuchte in Berka gern den Schriftsteller J. M. R. Lenz (1751–1794).

Info

Kurverwaltung
- Goetheallee 3 | 99438 Bad Berka
- Tel. 03 64 58/1 94 33
- www.bad-berka.de

Hotel

Hotel am Goethebrunnen ●●
Direkt am Kurpark gelegenes Haus mit komfortablen Zimmern und eigenem Restaurant im Barockstil.
- Goetheallee 1 | 99438 Bad Berka
- Tel. 03 64 58/57 10
- www.hotel-am-goethebrunnen.de

Hohenfelden 8

Der **Stausee Hohenfelden** ist ein riesiger Freizeitpark mit Stränden, Wasserrutsche, Camping, Wildgehege und Restaurants. Ferner lockt hier das Erlebnisbad **Avenida-Therme** (Tel. 03 64 50/4 20 81, www.stausee-hohenfelden.de, tgl. 10–23 Uhr). Ein großer Besuchermagnet ist das Freilichtmuseum mit 30 historischen Gehöften (Im Dorfe 63, Tel. 03 64 50/3 02 85, www.thueringer-freilichtmuseum-hohenfelden.de, Jan.–März Sa, So 11–17, April–Okt. tgl. 10–18, Nov./Dez. Di–So 11–17 Uhr).

Stadtilm 9

Der Ort (4800 Einw.) mit seinem überdimensionalen Marktplatz lag im Mittelalter an einem alten Handelsweg, der Kahlertstraße, die nach Coburg führte. Die Innenausstattung der **Stadtkirche St. Marien** im Rokokostil stammt von 1780. Das **Rathaus** ist in einem von den Schwarzburgern umgebauten Zisterzienserkloster (1274–1533) untergebracht. Zu sehen sind auch Reste der mittelalterlichen Stadtmauer sowie der einst »größte Zinsboden Thüringens« (14. Jh), in dem Naturalabgaben eines Zisterzienserklosters gelagert wurden.

Info

Tourist-Information
- Straße der Einheit 3 | 99326 Stadtilm
- Tel. 0 36 29/80 25 06
- www.stadtilm.eu

**Klosterruine Paulinzella 10

Das 1105–1124 erbaute Kloster ist auch noch als Ruine eines der eindrucksvollsten Zeugnisse romanischer Baukunst in Deutschland. Bis zur Reformation war es geistiges und herrschaftliches Zentrum eines ausgedehnten Gebiets. Danach wurde es aufgelöst, ab 1664 abgetragen. Seit 1811 steht die Ruine unter Denkmalschutz, sie ist ganzjährig zugänglich. Auf den Grundmauern des früheren Abtshauses wurde um 1620 ein Jagdschloss errichtet. In dem schönen Renaissancegebäude ist heute ein sehenswertes **Museum** zur Klostergeschichte eingerichtet (Tel. 03 67 39/3 11 43, April–Okt. Di–So 10–18, sonst 10–17 Uhr).

Sommer im Biosphärenreservat Vessertal

Thüringer Wald

Das Beste!

- **Eine Führung** durch die Räume der Wartburg › S. 91
- **Wandern auf dem Rennsteig** durch die Berge des Thüringer Waldes › S. 22, 87
- **Den Spuren der Wintersportler** in Oberhof folgen › S. 99
- **Mit der Oberweißbacher Bergbahn** im Schwarzatal fahren › S. 104
- **Bummel durch die Werkstätten** der Glasbläser in Lauscha › S. 106

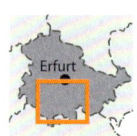

Von Eisenach im Nordwesten bis nach Saalfeld im Südosten erstreckt sich Deutschlands größtes zusammenhängendes Waldgebiet und eine seiner beliebtesten Wanderregionen.

Auf den Höhenlagen des Thüringer Walds wachsen Fichten, im nordwestlichen Teil auch Buchen. Typisch ist der Gegensatz zwischen bewaldeten Höhen und tief eingeschnittenen Tälern, was besonders eindrucksvoll im Schwarzatal zu sehen ist. Auf dem Kamm verläuft der berühmte Rennsteig, ein etwa 168 km langer Wanderweg, der auch über den Großen Beerberg führt, mit 982 m die größte Erhebung des Mittelgebirges. Weitere beliebte Gipfelwanderziele sind der Große Schneekopf (978 m), der Große Finsterberg (944 m) und der Große Inselsberg (916 m). Das Netz der Wanderwege führt immer wieder in sehenswerte Orte wie Schmalkalden mit seinen gut erhaltenen Fachwerkhäusern und Friedrichroda, wo mit der **Marienglashöhle** › S. 92 eine besonders schöne Kristallhöhle zu besichtigen ist. Und natürlich zur berühmtesten Burg von allen, der Wartburg, auf der Martin Luther 1521/22 das Neue Testament ins Deutsche übersetzt hat. Ihr zu Füßen liegt Eisenach, wo 1685 der Komponist Johann Sebastian Bach geboren wurde.

Touren in der Region

Von der Wartburg in den Thüringer Wald

Tour-Übersicht:

Verlauf: Eisenach › Friedrichroda › Schmalkalden › Oberhof › Zella-Mehlis › Suhl › Ilmenau

Dauer: 4–5 Tage, 123 km
Praktische Hinweise:
▪ Eine Stunde Fußweg braucht der Wanderer, um den Kickelhahn bei Ilmenau zu ersteigen.

Tour-Start:

Erst Kunst und dann die Ruhe des Thüringer Waldes genießen: Das ist das Motto der Tour, die mit der *****Wartburg** › S. 91 und ****Eisenach** › S. 88 beginnt. Versäumen Sie nicht, von der Festung aus in die Stadt hinabzusteigen, denn dort gibt es auch eine Menge zu entdecken wie das Bach- und das Lutherhaus mit seinem uralten Fachwerk, die Nikolaikirche und das Stadtschloss.

Richtung Südosten gelangt man zum **Stift Reinhardsbrunn** bei Friedrichroda › S. 93. Durch den Thüringer Wald geht es weiter nach **Schmalkalden** › S. 96, dessen mittelalterlicher Stadtkern herrliche Fachwerkbauten aufweist. Wer die Orte entdecken möchte, an denen der Schmalkaldische Bund tagte, der folgt einfach den Schildern mit dem Symbol der Lutherrose, die den Weg weist. Das Wintersport- und Wanderzentrum **Oberhof** › S. 99 liegt inmitten großer Fichtenwälder und ist ein beliebtes Etappenziel für Rennsteigwanderer. Es ist ein guter Ausgangspunkt, um den **Großen Beerberg** zu besteigen, die höchste Erhebung im Thüringer Wald. Einen Ausflug in die kriegerische Vergangenheit des Landes kann man in **Zella-Mehlis** › S. 100 und in **Suhl** › S. 101 unternehmen. Zella-Mehlis, romantisch in einem Talkessel gelegen, war früher wie Suhl ein Zentrum der Waffenproduktion. Von dem Reichtum, der sich mit Büchsen erwirtschaften ließ, zeugen noch heute große Bürgerhäuser und Kirchen. In **Ilmenau** › S. 102 stoßen Sie schließlich auf die Spuren von Goethe. Der Geheime Rat kümmerte sich höchstpersönlich um die Finanzen der Stadt und organisierte den Kupfer- und Silberbergbau. Das Amtshaus neben dem Rathaus hat er als Dienstwohnung genutzt. Heute ist dort das Goethe Stadt Museum untergebracht. In der Umgebung sind weitere Wirkungsstätten Goethes wie der Kickelhahn und das Jagdhaus Gabelbach zu besuchen. Lohnenswert ist der knapp 20 km langen Goethe-Wanderweg, der die wichtigsten Wirkungsstätten Goethes mit wilder Natur verbindet.

Wanderung auf dem Rennsteig

Tour-Übersicht:

Verlauf: Hörschel › **Hohe Sonne** › **Grenzwiese** › **Grenzadler** › **Allzunah** › **Friedrichshöhe** › **Spechtsbrunn** › **Brennersgrün** › **Blankenstein**

Dauer: 8 Tage, 168 km
Praktische Hinweise:
▪ Der Regionalverbund Thüringer Wald empfiehlt diese acht Tagesetappen.
▪ Infos zu Unterkünften entlang des Rennsteiges unter Tel. 03 68 82/4 77 69 20, www.thueringer-wald.com

Tour-Start:

Lassen Sie Hörschel durch das Tor zum **Rennsteig** › S. 107 hinter sich. Auf der ersten Etappe wird Ihnen nicht nur die Steigung den Atem rauben, sondern auch der wunderschöne Blick auf die ***Wartburg*** › S. 91. Nicht weniger anspruchsvoll ist die Strecke bis zur Grenzwiese, bei der man den Inselsberg, den zweithöchsten Punkt auf dem Rennsteig, passiert. Die dritte Etappe belohnt mit beeindruckenden Naturschauspielen wie dem Trusetaler Wasserfall. Vom Grenzadler geht es weiter nach Allzunah, wobei unterwegs der ***Rennsteiggarten*** › S. 99 mit 4000 Gebirgspflanzen aus aller Welt eine schöne Abwechslung bietet. Vor Ihrem fünften Etappenziel sollten Sie sich eine Pause auf

**Erst-!
klassig** der Rennsteigwarte gönnen: Der Ausblick auf die Region ist fantastisch.

Bei der nächsten Etappe treffen Sie auf den Dreistromstein, der die Wasserscheide zwischen Weser, Elbe und Rhein markiert. Der vorletzte Streckenabschnitt führt über den Schönwappenweg, wo Sie mit Wappen verzierte Grenz- und Dreiherrensteine bewundern können. Vor dem Ende der Wanderung durchqueren Sie das Grüne Band, ein schmales Biotop auf dem ehemaligen Grenzstreifen (www.bund.net/gruenes-band).

Unterwegs im Thüringer Wald

**Eisenach 11

Eisenach (41 700 Einw.) liegt reizvoll am Nordwestrand des Thüringer Waldes. Nach der Wende bekam die lange Tradition des Automobilbaus neuen Schwung. Gleichzeitig gelang es, die touristischen Reize auszubauen: den in der Nähe beginnenden Rennsteig, das Erbe von Johann Sebastian Bach und Martin Luther und natürlich die über der Stadt thronende Wartburg.

In Eisenach wurde wieder und wieder Geschichte geschrieben: Die Stadt war Schauplatz des legendären Sängerwettstreits und Wirkungsstätte der heiligen Elisabeth (13. Jh.), Zufluchtsort Martin Luthers (1521) und Treffpunkt der Studenten beim Wartburgfest 1817. 1869 wurde hier die Sozialdemokratische Arbeiterpartei ins Leben gerufen. 1896 wurde die Kraftfahrzeugfabrik gegründet, die in den 1920er-Jahren den BMW-Dixi und zu DDR-Zeiten den Wartburg produzierte. 1992 liefen die Bänder des Opelwerks an.

Karlsplatz und Umgebung

Der **Karlsplatz** bildete die östliche Grenze des mittelalterlichen Eisenach. Hier steht das um 1200 errichtete **Nikolaitor** Ⓐ, das einzige erhaltene von fünf Stadttoren. Die sich anschließende **Nikolaikirche** Ⓑ (Mai–Sept. Mo–Sa 15–17 Uhr) war Teil des Benediktinerinnenklosters. Ihr Achteckturm verrät rheinischen Einfluss.

Rund um den Marktplatz

*Rathaus Ⓒ

Das Rathaus geht auf ein spätmittelalterliches Gebäude zurück, das 1564 im Renaissancestil umgebaut und 1636 nach einem Brand um ein Stockwerk erhöht wurde. Bemerkenswert ist der Turm mit geschweifter Haube und Laterne. Auf dem **Marktbrunnen** (1549) ist der heilige Georg, der Schutzpatron von Eisenach, dargestellt.

Ein weißes Kreuz im Straßenpflaster (zwischen Georgenkirche und Postamt) markiert die Stelle, an der der Stadtrat 1525 nach der Bauernerhebung fünf Anführer ent haupten ließ.

Stadtschloss ⓓ

An der Nordseite des Marktes steht das barocke Stadtschloss, das 1742–1744 vom Weimarer Hofbaumeister für Herzog Ernst August von Sachsen-Weimar errichtet wurde. Im teilrestaurierten Gebäude ist eine Porzellanausstellung zu sehen (Di bis So 11–17 Uhr)

**Georgenkirche ⓔ

Die Kirche an der Südseite des Marktes wurde 1180 erbaut und 1515 zur spätgotischen Hallenkirche erweitert. Im Bauernkrieg 1525 verwüstet, wurde sie 1560 mit zwei Emporen im Stil der Renaissance wiederhergestellt. Hier schlossen Ludwig und Elisabeth 1221 den

Eisenach

0   200 m

Ⓐ Nikolaitor
Ⓑ Nikolaikirche
Ⓒ Rathaus
Ⓓ Stadtschloss
Ⓔ Georgenkirche
Ⓕ Alte Residenz
Ⓖ Lutherhaus
Ⓗ Predigerkirche
Ⓘ Bachhaus
Ⓙ Südstadt
Ⓚ Reuter-Villa
Ⓛ Wartburg
Ⓜ Automobile Welt Eisenach

Geschichtsträchtiger Ort und riesige Festung: die Wartburg

Bund fürs Leben, hier predigte Martin Luther, hier wurde Bach getauft (April–Okt. tgl. 10–12.30, 14–17, Nov.–März tgl. 10–12, 14–16 Uhr).

Alte Residenz

Südlich des Marktes liegt dieses Schloss mit Renaissanceportal am Nordflügel, das in der Zeit Friedrichs des Weisen im 16. Jh. errichtet wurde. Der Westflügel wurde 1507 im Stil der Spätgotik erbaut.

**Lutherhaus

Hier war Martin Luther von 1498 bis 1501 als Lateinschüler untergebracht. Eine Ausstellung dokumentiert Leben und Werk des Reformators und die Geschichte des evangelischen Pfarrhauses (Lutherplatz 8, Tel. 0 36 91/2 98 30, www. lutherhaus-eisenach.de. Das Lutherhaus ist wegen Sanierung bis Mitte 2015 geschlossen. Ausweichquartier mit Bibelcafé, Shop und Altschulunterricht im Creutznacher Haus, Markt 9.).

Predigerkirche

Die frühgotische Predigerkirche (1240) gehörte einst zu einem Dominikanerkloster, das als erstes Kloster weltweit zu Ehren der heiligen Elisabeth errichtet wurde. Bemerkenswert sind die zweistöckige Kapelle an der Südseite und die dreischiffige Krypta. Eine Ausstellung zeigt mittelalterliche Schnitzkunst in Thüringen (Predigerplatz, Tel. 0 36 91/78 46 78, www.prediger kirche.eisenachonline.de, Di–So 11–17 Uhr, im Winter kürzer).

**Bachhaus

Johann Sebastian Bach wurde am 21. März 1685 in Eisenach geboren. Seit 1907 ist hier eine Gedenkstätte zu Leben und Werk des Komponisten eingerichtet. Jeder Gast erhält einen Live-Musikvortrag auf historischen Instrumenten. Im modernen Anbau ist ein begehbares Musikstück zu erleben (Frauenplan 21, Tel. 0 36 91/7 93 40, www.bach haus.de, tgl. 10–18 Uhr).

Erst-klassig

Südstadt 🔟

Rund 400 prächtige Gründerzeit-
häuser schmücken die Prediger-,
Kartäuser- und Marienhöhe.
Meisterlich an die Hanglage ange-
passt, könnten die rund 400 Bauten
aus der zweiten Hälfte des 19. Jhs.
kaum unterschiedlicher sein: Wart-
burg-Imitate und Fachwerkhäuser
stehen neben Villen im italieni-
schen, englischen, griechischen und
im Schweizer Stil.

*Reuter-Villa 🔘

Die Villa beherbergt das **Reuter-
Wagner-Museum** mit der nach Bay-
reuth umfangreichsten Richard-
Wagner-Sammlung. 1874 starb hier
der niederdeutsche Schriftsteller
Fritz Reuter, der die Villa im Neore-
naissancestil erbauen ließ (Reuter-
weg 2, Tel. 0 36 91/74 32 93, Di–So
11–17 Uhr, im Winter kürzer).

***Wartburg 🅛

Hoch über Eisenach thront die
Wartburg, seit 1999 UNESCO-
Weltkulturerbe. Der Sage nach wurde sie 1067 von Graf Ludwig dem
Springer gegründet. Die Gebäude
der historisch interessantesten
deutschen Burganlage gruppieren
sich um zwei Innenhöfe, die man
über eine Zugbrücke betritt. Ältester Teil ist das spätromanische
Landgrafenhaus, der **Palas** von 1220
(Besuch nur im Rahmen einer Führung).

In einer schlichten holzgetäfelten
Stube der Vogtei wohnte Martin
Luther bei seinem zehnmonatigen
Aufenthalt 1521/1522 auf der Burg
unter dem Decknamen »Junker

Jörg«. Die **Lutherstube** ist fast unver-
ändert erhalten. Hier übersetzte der
Reformator das Neue Testament ins
Deutsche.

In der **Neuen Kemenate** und in
der **Dirnitz** (beide erst nach 1850
entstanden) zeigen die Kunstsammlungen spätgotische Wand-
teppiche, Kunsthandwerk der Renaissance, eine Skulptur aus der
Werkstatt von Tilman Riemenschneider sowie Werke deutscher
Barockmaler.

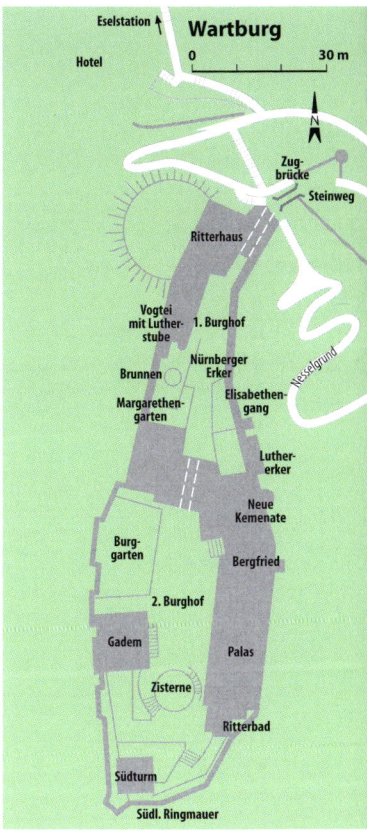

Wartburg

0   30 m

Eselstation
Hotel
Zugbrücke
Steinweg
Ritterhaus
Vogtei mit Luther-stube
1. Burghof
Nürnberger Erker
Brunnen
Elisabethen-gang
Margarethen-garten
Luther-erker
Neue Kemenate
Burg-garten
Bergfried
2. Burghof
Gadem
Palas
Zisterne
Ritterbad
Südturm
Südl. Ringmauer
Nesselgrund

Die Wartburg wurde im 19. Jh. aufwendig restauriert. 1854/55 schuf Moritz von Schwind die berühmten Fresken in der **Elisabethkemenate**, die die Geschichte der Wartburg, den Sängerstreit und die Elisabethlegende darstellen (Tel. 0 36 91/25 00, www.wartburg.de, April–Okt. tgl. 8.30–20 Uhr, Nov. bis März 9–17, letzte Führung 17 bzw. 15.30 Uhr).

Automobile Welt Eisenach ⓜ

In einer Halle der Automobilwerke von 1935 sind alle Fahrzeugtypen zu besichtigen, die seit dem Ende des 19. Jhs. in Eisenach produziert wurden, z. B. der Wartburg-Motorwagen von 1899 und der Dixi R 8 von 1910 (Friedrich-Naumann-Str. 10, Tel. 0 36 91/8 83 43 73, www.ame.eisenachonline.de, Di–So 11 bis 17 Uhr).

Burschenschaftsdenkmal

Ein reizvoller Spaziergang führt von der Altstadt auf die südöstlich gelegene Göpelskuppe mit dem 33 m hohen Burschenschaftsdenkmal (1901/1902). Es erinnert an das Wartburgfest von 1817, als Burschenschaften gegen Feudalherrschaft und die Zersplitterung Deutschlands und für einen Nationalstaat mit eigener Verfassung demonstrierten.

Info

Eisenach-Wartburgregion Touristik
- Markt 24 | 99817 Eisenach
- Tel. 0 36 91/7 92 30
- www.eisenach.info

Hotels

Auf der Wartburg ●●●
Fünf-Sterne-Hotel in Gebäude von 1913 direkt bei der Wartburg.
- Tel. 0 36 91/79 70
- www.wartburghotel.de

Berghotel ●●–●●●
Nahe beim Burschenschaftsdenkmal, mit herrlichem Blick über Eisenach.
- An der Göpelskuppe 1
- Tel. 0 36 91/2 26 60
- www.berghotel-eisenach.de

Hotel am Bachhaus ●●
Hotel in zentraler Lage mit modern eingerichteten Zimmern.
- Marienstr. 7 | Tel. 0 36 91/2 04 70
- www.hotel-am-bachhaus.de

Gasthof am Storchenturm ●
Rustikale Wanderpension in mittelalterlichem Gehöft, Restaurant.
- Georgenstr. 43 | Tel. 0 36 91/73 32 63
- www.gasthof-am-storchenturm.de

Jugendherberge ●
- Am Stadtrand, mit Familienzimmern.
- Marienthal 24 | Tel. 0 36 91/74 32 59
- www.eisenach.jugendherberge.de

Camping

Campingpark Eisenach
Ca. 8 km südl., Bungalowvermietung.
- Am Altenberger See 1
- 99819 Wilhelmsthal
- Tel. 0 36 91/21 56 37
- www.campingpark-eisenach.de

Restaurants

Turmschänke ●●●
Stilvolles Weinrestaurant im Nikolaitor, Spitzenküche, Mo–Sa ab 18 Uhr.

- Karlsplatz 28 | Tel. 0 36 91/21 35 33
- www.turmschaenke-eisenach.de

Gewölberestaurant Brunnenkeller
●●
Typische Thüringer Gerichte im Gewölbe
oder auf der Terrasse.
- Am Markt 10 | Tel. 0 36 91/21 23 58
- www.brunnenkeller-eisenach.de

Nightlife

Thüringer Landestheater Eisenach
Auf dem Spielplan stehen Schauspiel,
Oper, Operette, Jugend- und Puppen-
theater und Konzerte.
- Theaterplatz 4–7
- Tel. 0 36 91/25 62 32
- www.theater-eisenach.de

Irish Pub O'Tooles
Livemusik. Wer es ruhiger mag, der
weicht ins Billard-Café in der ersten Etage aus (Di–Sa 18–1 Uhr).
- Goethestr. 25 | Tel. 0 36 91/74 38 11
- www.o-tooles.de

Schorsch'l
Kleinkunstkneipe, für Livemusik-Fans ein
Muss (tgl. 19–2 Uhr).
- Georgenstr. 19 | Tel. 01 76/93 13 09 58
- www.schorschl.de

The Beach
Heiße Tanzbar mit karibischem Flair.
- Katharinenstr. 11
- Tel. 0 36 31/88 66 11

Shopping

Meisterwerkstatt Stephan Blezinger
Handgearbeitete Flöten, vom frühbaro-
cken bis zum modernen Instrument.
- Karl-Marx-Str. 8 | Tel. 0 36 81/21 23 46
- www.blezinger.de

Sängerstreit als Freskendarstellung in der
Elisabeth-Kemenate der Wartburg

Friedrichroda 12

Der Luftkurort (4700 Einw.) ist
Ausgangspunkt für herrliche Wanderungen. Am Ortsrand liegt
Schloss Reinhardsbrunn (erbaut um
1600) mit einem schönen Landschaftspark. Das Schloss kann nicht
besichtigt werden. Eine bedeutende
Besucherin des einstigen Benediktinerklosters auf dem Gelände war
die verwitwete Landgräfin Elisabeth, die 1228 ihren Mann zu seiner
letzten Ruhestätte hierher begleite-
te. 1235 wurde Elisabeth von Thüringen heiliggesprochen. Heute befindet sich hier das Thüringer
Informationszentrum Spiritueller
Tourismus, das in den nächsten Jahren weiter ausgebaut werden soll
(Reinhardsbrunn 5, www.erlebnis
welt-reinhardsbrunn.de).

Die **Marienglashöhle** sollte man
sich nicht entgehen lassen, zeigt das
Schaubergwerk doch eine der
schönsten und größten Gipskristallgrotten Europas (Tel. 0 36 23/
31 16 67, April–Okt. 10–17, Nov.
bis März 10–16 Uhr).

Thüringen sagenhaft

»Burgen, Schlösser, Monumente« oder »Von Fürsten und Bergleuten« heißen die Themen von Erlebniswochenenden, Zeitreisen durch 2000 Jahre deutscher Geschichte. Das Land öffnet viele seiner über 400 aufwendig restaurierten Burgen und Schlösser für Gäste, die sich auf unterhaltsame und dennoch lehrreiche Weise mit Personen und Ereignissen der deutschen Geschichte befassen wollen. Einstige Herrschaftssymbole kleiner Fürstentümer und Residenzen adliger Geschlechter sind heute Besucherattraktion, nicht zuletzt dank vielfältiger kultureller Veranstaltungen in den historischen Räumen.

Musikanten und Mimen

Die **Wartburg,** als UNESCO-Welterbe geschützt, lädt in den Sängersaal zur Neuauflage des historischen Sängerwettstreits ein. In der **Reichsburg** auf dem Kyffhäuser bei Bad Frankenhausen finden von Juni bis September auf dem Ruinengelände vor dem gewaltigen Kyffhäuser-Denkmal verschiedenste Konzerte und Mittelalterfeste statt.

Das **Residenzschloss Sondershausen,** eine Vierflügelanlage, besticht mit seinen prächtigen Festsälen und dem Schlossmuseum, dessen Sammlungen von der Ur- und Frühgeschichte bis zum Kuriositätenkabinett reichen (Di–So 10 bis 17 Uhr). Im Blauen Saal werden Konzerte veranstaltet.

In **Schloss Wilhelmsburg,** Schmalkalden, finden ganzjährig Konzerte im Riesensaal, im Tafelgemach und in der Schlosskapelle statt; wenn dort die »hölzerne Orgel« von 1587 ertönt, schlagen musikalische Herzen höher (April–Okt. tgl. 10–18, Nov.–März Di–So 10–16 Uhr).

Schloss Schwarzburg bei Bad Blankenburg bietet als multikulturelles Zentrum regelmäßig Veranstaltungen an – vom Sommertheater des Theater-Spiel-Ladens aus Rudolstadt im idyllischen Schlossgarten bis zum Weihnachtssingen.

- **Wartburg**
  Tel. 0 36 91/25 00 | Fax 20 33 42
  www.wartburg-eisenach.de
- **Reichsburg auf dem Kyffhäuser**
  Bad Frankenhausen
  Tel. 03 46 51/27 80 | Fax 23 08
  www.kyffhaeuser-denkmal.de
- **Schloss Sondershausen**
  Tel. 0 36 32/62 24 02
  www.sondershausen.de
- **Schloss Wilhelmsburg**
  Schmalkalden
  Tel. 0 36 83/40 31 86
  www.museum.wilhelmsburg.de
- **Schloss Schwarzburg**
  Tel. 03 67 30/3 29 55
  www.schloss-schwarzburg.de

Erlebtes Mittelalter

Brot backen, Met trinken, Töpfern und Spinnen wie die ersten Bewohner Thüringens können Gäste von April bis Okt. (Gruppen nach Anmeldung ganzjährig) auf der **Funkenburg** bei Westgreußen. Hier wurde eine germanische Wehrsiedlung rekonstruiert.

Thüringer Schlösser waren oft die Kulisse für Vorleser und Märchenerzähler. Ludwig Bechstein (1801–1860) trug als Hofbibliothekar zu Meiningen rund 1000 Sagen und Märchen zusammen, zu denen auch »Der Däumling« gehört. Ihm zu Ehren wird nun von Ende Okt. bis Ende Dez. das **Märchen- und Sagenfest** mit Lesewanderungen und Märchensymposien gefeiert.

- **Funkenburg**
  Tel. 0 36 36/70 46 16
  www.funkenburg-westgreussen.de
- **Meiningen Tourist Information**
  Markt 14
  Tel. 0 36 93/4 46 50
  www.meiningen.de

Brandenburg-Fest

Vor der Kulisse der **Burgruine Brandenburg** im Werratal, einer der größten Doppelburganlagen des 12. Jhs., findet alle zwei Jahre Mitte Juni ein Kostümfest mit Lagerleben und Burgerstürmung in historischen Gewändern und Ritterspielen statt. Mitwirkende sind 30 Gruppen und Vereine aus der Mittelalterszene Deutschlands.

- **Werratalverein Zweigverein Brandenburg**
  Tel. 03 69 27/9 06 19
  www.die-brandenburg.de

Heiraten auf Burgen und Schlössern

Auf zahlreichen Burgen und Schlössern Thüringens kann man den Bund fürs Leben schließen, z. B. auf der Burg Greifenstein in Bad Blankenburg, einer der größten mittelalterlichen Burganlagen Deutschlands. Dort können die Gäste in der Burgschänke auch tafeln.

- **Burg Greifenstein**
  Tel. 03 67 41/20 80
  www.burg-greifenstein.de
- **Osterburg in Weida**
  Tel. 03 66 03/5 42 60 (Standesamt)
  www.osterburg-foerderverein.de
- **Dornburger Schlösser**
  Tel. 036427/215130
  www.dornburg-schloesser.de

Schloss Wilhelmsburg

Ein 8 km langer Wanderweg führt von Friedrichroda aus auf den **Inselsberg** (916 m).

Volksfeste der besonderen Art sind der **Ostermarkt** und das **Internationale Bettenrennen** am ersten Juli-Wochenende über eine Strecke von 2 km (www.betten rennen.de).

Info

Kur- und Tourismus GmbH
- Marktstr. 13/15
- 99894 Friedrichroda
- Tel. 0 36 23/3 32 00
- www.friedrichroda.info

Hotels

Ramada Treff-Hotel Friedrichroda
●●●
Mit Therapie- und Wellnessbereich direkt an der Kurpromenade.
- Burchardtweg 1 | Tel. 0 36 23/35 20
- www.ramada-friedrichroda.de

Thüringer Hof ●
- Preiswert und zentral gelegen.
- Bahnhofstr. 20 | Tel. 0 36 23/30 43 65
- www.gasthof-thueringer-hof.de

Camping

Paulfeld
Ganzjährig geöffnet, auch Bungalows.
- 99894 Leinatal | Tel. 03 62 53/2 51 71
- www.paulfeld-camping.de

Schmalkalden 🔟

Das hübsche kleine Städtchen (ca. 19 500 Einw.) weist umfangreiche Bausubstanz aus dem 14.–18. Jh. auf. Bekannt geworden ist Schmalkalden durch den »Schmalkaldischen Bund«: 1531 verbündeten sich die protestantischen Stände unter Kurfürst Johann dem Beständigen von Sachsen gegen Kaiser Karl V., der Schmalkalden für einen Ort übelster Ketzerei hielt. Die Fürsten unterlagen 1547 im Schmalkaldischen Krieg den kaiserlichen Truppen.

*Schloss Wilhelmsburg

Das Schloss oberhalb der Stadt wurde zwischen 1585 und 1590 auf den Mauern einer mittelalterlichen Burg als Nebenresidenz für Landgraf

Wilhelm IV. von Hessen erbaut. Es gehört zu den bedeutendsten Baudenkmälern der Renaissance in Deutschland und zeigt im Inneren noch die originale Raumstruktur. In den mit wertvollen Wandmalereien und Stuckaturen ausgestatteten Räumen wurde ein Museum zur Kunst- und Kulturgeschichte des 16. Jhs. eingerichtet (Tel. 0 36 83/40 31 86, April–Okt. tgl. 10–18, Nov.–März Di–So 10–16 Uhr, www.museumwilhelmsburg.de). Unterhalb des Schlosses gelangt man durch gepflegte Grünanlagen zum 1618 errichteten **Marstall**, dem heutigen Amtsgericht.

Altmarkt

Hier steht die **Stadtkirche St. Georg** (1437–1509). In ihr predigte Martin Luther, als er 1537 zum Schmalkalder Fürstentag in der Stadt weilte. Am Kirchhof stehen zwei interessante Fachwerkbauten sowie die **Reformierte Schule** (1658–1659), in

der später die Suppenküche zur Versorgung der Armen untergebracht war, ferner das **Evangelische Dekanat** (1549).

Rathaus

Das **Rathaus** besticht durch das Wappen-Entree, eine gelungene Luther-Plastik und den Sitzungssaal des Schmalkaldischen Bundes über dem Ratskeller.

Töpfenmarkt

In der heutigen **Rosenapotheke** in der Steingasse wohnte 1540 Philipp Melanchthon. Martin Luther weilte 1537 während der bedeutendsten Tagung des Schmalkaldischen Bundes nur einige Schritte weiter am Töpfenmarkt. Hier legte er die »Schmalkaldischen Artikel« vor, das Glaubensbekenntnis der Protestanten. Deswegen wurde der Töpfenmarkt 1837 in Lutherplatz umbenannt. Das **Luther-Haus** (ca. 1520) ist ein eindrucksvoller Fachwerk-

Fachwerkhäuser satt am Altmarkt von Schmalkalden

bau. Der **Hessenhof** erinnert daran, dass Schmalkalden einst zu Hessen gehörte. Einen Besuch lohnt auch die **Große Kemenate,** das stattlichste Bürgerhaus Schmalkaldens aus dem frühen 15. Jh.

*Technisches Denkmal Neue Hütte

Im Ortsteil Weidebrunn liegt die 1835 errichtete klassizistische Hüttenanlage. Ihr Hochofen wurde 1870 auf 12 m erhöht und besticht durch seine schlichte Form (Gothaer Str., Tel. 0 36 83/40 30 18, April bis Okt. Mi–So 10–17, Nov.–März Mi–Fr 10–16, So 12–16 Uhr).

Besucherbergwerk Finstertal

Die Eisen- und Braunsteingrube war von 1858 bis 1934 in Betrieb. Heute kann man sich im Ortsteil Asbach über den Eisenerzabbau im Schmalkaldener Raum informieren (Tel. 0 36 83/48 80 37, April–Okt. Mi–So 10–17, Juli und August auch Di 15–17 Uhr).

Info

Tourist Information
- Mohrengasse 1a
- 98574 Schmalkalden
- Tel. 0 36 83/40 31 82
- www.schmalkalden.com

Hotels

Stadthotel Patrizier ●●
Geschmackvoll eingerichtetes Hotel. Restaurant mit guter Küche.
- Weidebrunner Gasse 9
- Tel. 0 36 83/60 45 14
- www.stadthotel-patrizier.de

Waldhotel Ehrental ●●
Historisches Haus mit Komfort.
- Im Ehrental | Tel. 0 36 83/68 90
- www.waldhotel-ehrental.de

Aktiv & Vital Hotel Thüringen ●●
Modernes Vier-Sterne Hotel am Ortsrand mit herrlichem Blick ins Tal.
- Notstraße 33 | Tel. 0 36 83/46 65 70
- www.aktivhotel-thueringen.de

Shopping

Viba Nougat-Welt
Erlebnisshopping in der gläsernen Praline des Nougatspezialisten Viba, der seine Wurzeln in Schmalkalden hat: Ausstellung zum Thema Nougat, Zuschauen bei der Pralinenproduktion, selbst Pralinen fertigen (tgl. 10–18 Uhr).
- Nougat-Allee 1
- Tel. 0 36 83/6 92 16 00
- www.viba.de

Veranstaltungen

- Am letzten Augustwochenende feiert Schmalkalden mit Musik, Gauklern, Tanz das traditionelle Schmalkalder Hirschessen (www.hirschessen.de).
- Vom 25. April–4. Okt. 2015 findet die 3. Thüringer Landesgartenschau in Schmalkalden statt.

Trusetal 14

Nicht nur wegen des künstlichen Wasserfalls (Ostern–Ende Okt. tgl. 10–18 Uhr) lohnt der Ausflug nach Trusetal. Kinder begeistert der ca. 5000 m2 große, von einer Bimmelbahn durchschlängelte Zwergenpark mit rd. 1500 Märchenfiguren (Ostern–Okt. tgl. 10–17, www.zwergen-park.de).

Botanik in freier Wildbahn: Im Rennsteiggarten werden Gebirgspflanzen kultiviert

Oberhof 15

Das Wintersportzentrum (1650 Einw., 810–836 m ü. d. M.) mit großer Tradition zieht jährlich mehr als 130 000 Besucher an. Es fing anno 1470 mit einer Herberge namens »Oberer Hof« klein an. Mit dem Bau der Eisenbahnstrecke von Erfurt nach Stuttgart 1884 entwickelte sich der Luftkurort zum deutschen St. Moritz.

Thüringer Wintersportmuseum

Oberhof war seit jeher ein Zentrum das Wintersports. 1906 wurde die erste Sprungschanze errichtet. Zu DDR-Zeiten sammelten die Oberhofer bei Olympischen Spielen sowie Welt- und Europameisterschatten viele Medaillen. Auch heute ist Oberhof noch regelmäßig Austragungsort internationaler Wintersport-Meisterschaften, z. B. im Biathlon oder Rennrodeln. Gäste können sich selbst einmal beim Bobfahren oder Biathlon versuchen – neben Aktivitäten wie Langlauf, Abfahrtslauf, Winterwandern und Rodeln. Das Wintersportmuseum mit mehr als 3000 Exponaten berichtet darüber (Crawinkler Str. 1, Tel. 03 68 42/5 22 37, www.winter sportmuseum.de, Di–Fr 11–18, Sa, So 10–18 Uhr).

Skisport-Halle

In der DKB-Skisport-Halle kann man witterungsunabhängig auf einer knapp 2 km langen Strecke langlaufen gehen. Die Temperatur liegt ganzjährig bei 4 Grad unter Null (Tambacher Str. 44, Tel. 03 68 42/5 39 90, www.oberhof-skisporthalle.de, Sept.–Feb. Mo–Fr 11–14, 17–20, Sa 12–18, So 11–16 Uhr, sonst kürzer).

*Rennsteiggarten

Im Sommer sollte man sich den Rennsteiggarten ansehen. Der in die natürliche Bergwelt eingebettete botanische Garten beheimatet auf

7 ha fast 4000 Gebirgspflanzenarten (www.rennsteiggartenoberhof.de, Mai–Sept. tgl. 9–18, Okt. 9–17 Uhr).

Info

Oberhof-Information

- Crawinkler Str. 2 | 98559 Oberhof
- Tel. 03 68 42/26 90 | Fax 2 69 20
- www.oberhof.de

Hotels

Treff-Hotel Panorama ●●
Das unübersehbare Wahrzeichen Oberhofs. Vielstöckiger Betonkomplex aus DDR-Tagen mit 409 Zimmern und 80 Apartments. Die Silhouette ist zwei Sprungschanzen nachempfunden.

Die besten Technikmuseen
- **Automobile Welt Eisenach:** Präsentiert wird die 100 Jahre alte Tradition des Automobilbaus in Eisenach › S. 92.
- **Suhl Waffenmuseum:** Das Spezialmuseum zeigt Handfeuer-, Jagd- und Sportwaffen aus mehreren Jahrhunderten › S. 101.
- **Suhl Fahrzeugmuseum:** Die Ausstellung gibt einen umfassenden Überblick über die Geschichte des Fahrzeugbaus von Fahrrädern, von Mopeds bis hin zu Automobilen › S. 101.
- **Glockenmuseum Apolda:** Alles dreht sich um die Glocke, um Glockenguss, Klöppel, Glockentürme und natürlich ums Läuten › S. 122.
- **Optisches Museum Jena:** Einzigartige Ausstellung optischer Instrumente aus fünf Jahrhunderten. › S. 126.

- Theodor-Neubauer-Str. 29
- Tel. 03 68 42/5 00
- www.treff-hotel-panorama.de

Haus Vergissmeinnicht ●●
Bei Wanderern beliebte Pension mit gutem Restaurant und Café.

- Crawinkler Str. 10
- Tel. 03 68 42/2 23 46
- www.haus-vergissmeinnicht.de

Café

Café-Pension Kanzlersgrund ●
Ausflugslokal in einem romantischen Tal, 5 km östl. von Oberhof, rustikale Ferienwohnungen.

- Im Tal des Kanzlersgrunds
- Tel. 03 68 42/2 00 56
- www.oberhof.de/haus-kanzlersgrund

Zella-Mehlis 🔟

Schon am Ortseingang werden Reisende auf die lange Industrie-tradition der Kleinstadt (10 800 Einw.) aufmerksam gemacht. Dort steht die **Gesenkschmiede Lubenbach,** die auf eine Schneidmühle aus dem 19. Jh. zurückgeht (Tel. 0 36 82/4 33 45, www.gesenkschmiede.zella-mehlis. de, Mo–Fr 10–17, Sa 10–16 Uhr). Die ehemalige **Beschussanstalt,** in der Jagdwaffen auf ihre Haltbarkeit geprüft wurden, beherbergt heute das Stadtmuseum (Anspelstr. 25 Tel. 0 36 82/46 46 98, Mo–Fr 10 bis 17, Sa, So 10–16 Uhr, www.beschussanstalt.de).

Erlebnispark Meeresaquarium

Eine große Attraktion für ganz Thüringen ist der Erlebnispark Meeresaquarium. Auf 7000 m² ist die Unterwasserwelt wärmerer Regionen zu bestaunen – von Piranhas bis hin zum Korallenriff (Beethovenstr. 16, Tel. 0 36 82/4 10 78, www.meeresaquarium-zella-mehlis.de, tgl. 10 bis 18 Uhr).

Info

Tourist Information
- Louis-Anschütz-Str. 28
- Tel. 0 36 82/48 28 40 | Fax 48 71 43
- www.tourismus.zella-mehlis.de

Hotel

Hotel Waldmühle ●●
Nördlich der Stadt im Lubenbachtal; helle, freundliche Zimmer, Wellnessbereich, Thüringer Küche.
- Lubenbachstr. 2
- Tel. 0 36 82/8 98 90 | Fax 89 81 11
- www.hotel-waldmuehle.de

Shopping

Ständiger Thüringer Weihnachtsmarkt
Regionale Handwerkserzeugnisse.
- Bahnhofstr. 14 | Tel. 0 36 82/48 79 79
- Mo–Do 10–15 Uhr

Suhl 🔟

Hohe Berge säumen den als »Nuwendorff by Sule« 1359 erstmals erwähnten Ort 38 000 Einw.). Im 16. Jh. galt Suhl als Waffenschmiede Europas und war Lieferant sämtlicher Krieg führender Parteien im Dreißigjährigen Krieg. Heute produziert man fast nur noch Jagd- und Sportwaffen.

Wahrzeichen des Ortes ist der **Waffenschmied** auf einem Obelisken

Wohnküche im Suhler Waffenmuseum

über dem Brunnen am Marktplatz. Die **Hauptkirche St. Marien** südlich des Marktplatzes besticht durch ihre wertvolle Rokokoausstattung (Mo–Fr 10–16, Sa 10–12 Uhr).

Im Ortsteil Heinrichs stehen noch alte Fachwerkhäuser. Prunkstück ist das **Rathaus** (17. Jh.).

Die Ausstellung im **Fahrzeugmuseum** beschäftigt sich mit der Geschichte des Suhlers Fahrzeugbaus seit 1896 und präsentiert mehrere Fahrzeuge, darunter das legendäre Motorrad AWO und Fahrräder von 1925 (Friedrich-König-Str. 7, Tel. 0 36 81/70 50 04, www.fahrzeugmuseum-suhl.de, tgl. 10–18 Uhr).

Vielfältig ist das Angebot im **Congress Centrum Suhl**. Tagsüber entspannt man im Ottilienbad mit großem Fitnessbereich, abends besucht man eine Kulturveranstaltung (Tel. 0 36 81/78 80, www.suhl-ccs.de, Bad: Mo–Sa 9–21, So 9–18 Uhr).

Die Geschichte der Handwaffenproduktion wird im ***Suhler Waffen-**

museum, Europas einzigem Spezialmuseum für Handfeuerwaffen, dargestellt (Friedrich-König-Str. 19, Tel. 0 36 81/74 22 18, www.waffenmuseumsuhl.de, Di–So 10–18 Uhr).

Ein Muss für Sportschützen ist das international renommierte **Schießsportzentrum.** Unter Anleitung erfahrener Trainer kann hier jeder sein Können prüfen (Schützenstr. 6, Tel. 0 36 81/88 40, www.ssz-suhl.com).

Adlersberg

**Erst-!
klassig**

Vom Aussichtsturm auf dem Adlersberg (850 m ü. d. M) bietet sich ein schöner Blick über das Biosphärenreservat Vessertal, das sich östlich von Suhl erstreckt. Eine 13,6 km lange Rundwanderung durch das Vessertal dauert rund vier Stunden (www.biosphaerenreservat-vessertal.de).

Info

Tourist Information Suhl
- Friedrich-König-Str. 7 | 98527 Suhl
- Tel. 0 36 81/78 82 28
- www.suhl-tourismus.de

Hotels

Hotel Thüringen ●●
4-Sterne-Hotel in Toplage. Mit Sauna, Solarium und Fahrradverleih.
- Platz der Deutschen Einheit 2
- Tel. 0 36 81/76 76
- www.hotel-thueringen-suhl.de

Ringberg Hotel Suhl ●●
Modernes Urlauberdomizil hoch über der Stadt mit herrlichem Panoramablick.
- Ringberg 10 | Tel. 0 36 81/38 90
- www.ringberghotel.de

Hotel Forellenhof Vessertal ●●
Gemütliches Landhotel in idyllischer Lage. Spezialität des Restaurants sind frische Forellen.
- Suhler Weg 1 | 98711 Vesser
- Tel. 03 67 82/6 14 68 | Fax 6 24 90
- www.hotel-vessertal-forellenhof.de

Restaurant

Die letzte Instanz ●●●
Internationale Küche im Gewölbekeller eines Hauses aus dem 17. Jh, Terrasse im Sommer, Mo geschl.
- Pfarrstr. 2
- Tel. 0 36 81/8 03 21 13
- www.die-letzte-instanz.com

Shopping

Suhler Weinkeller
Hier können Freunde des Rebensaftes die edlen Tropfen der einheimischen Winzer entdecken.
- Steinweg 33 | Tel. 0 36 81/45 47 32
- www.suhler-waffenoel.de

Ilmenau 18

An drei Seiten von bewaldeten Bergen umgeben, ist die Universitätsstadt Ilmenau (26 000 Einw.) ein beliebter Ausgangspunkt für Wanderungen im Rennsteiggebiet und für Ausflüge zu den Thüringer Kulturstätten.

Mit dem »G« als Zeichen führt der *Goethewanderweg über 18 km aus dem Stadtzentrum Ilmenau bis nach Stützerbach. Er berührt alle Lieblingsplätze des Dichters, den Großen Hermannstein mit seinem Zeichensitz sowie den 861 m hohen Kickelhahn. An die Holzwand der Jagdhütte (Rekonstruktion) schrieb

Goethe am 6. September 1780 »Wanderers Nachtlied« (»Über allen Gipfeln ist Ruh ...«). Startpunkt des Goethewanderwegs ist das Amtshaus (1756) am Ilmenauer Markt mit dem **GoetheStadtMuseum** (Tel. 0 36 77/60 02 10, Di–So 10–17 Uhr).

Den Glanzpunkt am Wanderweg setzt das **Jagdhaus Gabelbach** mit einer Ausstellung zu Goethes naturwissenschaftlichen Studien. Wer nicht so gern wandert, kann es auch mit dem Auto erreichen (April–Okt. Di–So 10–17, Nov.–März 10 bis 16 Uhr).

Eine öffentliche Goethe-Gedenkstätte ist das **Gundelachsche Haus** in Stützerbach. Dreizehnmal war Goethe hier zu Besuch. Das Goethezimmer blieb im Originalzustand erhalten (Tel. 03 67 84/ 5 02 77, Sommer Sa/So 10–16, sonst 11–15 Uhr).

Idyllisches Schwarzatal

Info

Ilmenau-Information
▌ Am Markt 1 | 98693 Ilmenau
▌ Tel. 0 36 77/60 03 00 | Fax 60 03 30
▌ www.ilmenau.de

Hotels

Berg- und Jagdhotel Gabelbach ●●●
1912 als Kurhaus eröffnetes Romantikhotel. Herrliche Lage, zauberhafte Zimmer, sehr gute Küche.
▌ Am Gabelbach 1 | Tel. 0 36 77/86 00
▌ www.gabelbach.com

Lindenhof ●●●
Zentral und dennoch ruhig; mit charmantem Kaminrestaurant.

▌ Lindenstr. 3–11 | Tel. 0 36 77/6 80 00
▌ www.hotel-lindenhof.de

Restaurant

Gasthof und Landfleischerei »Zur Sorge« ●●
Traditionsreicher familiengeführter Gasthof mit eigener Landfleischerei.
▌ Arnstädter Str. 1 | 98708 Pennewitz
▌ Tel. 03 67 83/8 03 50
▌ www.thuringix.de/sorge

Camping

Meyersgrund Manebach ●
Ganzjährig, mit Ferienhäusern und Bungalows.
▌ Schmückerstr. 91 | Stützerbach
▌ Tel. 03 67 84/5 06 36
▌ www.meyersgrund.de

Schwarzatal 🆗

Mitten im Schwarzatal liegt ***Schwarzburg** (610 Einw.). Seinen Namen erhielt der Ort von der Schwarzburg, einst Residenz des

Fahrradfahrer am Trippstein mit prächtigem Blick ins Schwarzatal

Hotel

Hotel Weißer Hirsch ●●
Familiär geführtes Haus mit herrlichem Blick auf Schwarzburg und Saaletal.
▪ Friedrich-Ebert-Platz 2
▪ Tel. 03 67 30/3 60
▪ www.singende-wirtsleute.de

Oberweißbach [20]

Am Marktplatz des kleinen Städtchens mit den Schieferfassaden (1800 Einw.) steht das Geburtshaus des Pädagogen Friedrich Fröbel (1782–1852). Es beherbergt heute ein **Memorialmuseum,** in dem »Spielgaben« Fröbels gezeigt werden. Sehenswert ist das »Traditionszimmer Olitätenhandel«. Der Ort erlangte im 17. Jh. als Zentrum der Olitätenherstellung Bedeutung. Hier wurden Öle und Essenzen aus Pflanzen gewonnen und von umherziehenden Olitätenverkäufern in den Handel gebracht (Mai bis Okt. Mo–Fr 10–12, 13–17, Sa, So 13–17, Nov.–April Mo–Fr 10–12, 13–17, So 13–16 Uhr). Die **Barockkirche,** 1767–1779 erbaut, gilt mit 2000 Sitzplätzen als die größte Dorfkirche Thüringens. Das Innere prägen drei Emporengeschosse und ein monumentaler Kanzelaltar. 10 Gehminuten vom Ort entfernt steht auf dem Kirchberg der 26 m hohe **Fröbelturm** mit Gaststätte und Café, der eine herrliche Aussicht über das Schiefergebirge bietet (Mai–Sept. Mi–Mo. 10–18, Okt. bis April kürzer). Beeindruckend ist auch die **Oberweißbacher Bergbahn** › S. 17 (www.oberweissbacher-bergbahn. com).

gleichnamigen thüringischen Grafengeschlechts. Das barocke **Schloss** (1736) erhebt sich majestätisch auf einem Bergkegel, wo zuvor die mittelalterliche »Swartinburg« (1071) gestanden hatte (www.schloss-schwarzburg.de).

Das **Kaisersaalgebäude** (1719) im Schlossgarten wurde in den 1970er-Jahren aufwendig restauriert. In dem barocken Prachtbau ist vor allem die Schwarzburger Ahnengalerie sehenswert – sie präsentiert 100 Porträts von deutschen Kaisern und ihren römischen »Vorfahren« wie etwa Julius Cäsar (Tel. 03 67 30/ 3 29 55, April–Sept. tgl. 10–17, Okt.–März tgl. 10–16 Uhr).

Info

Tourist-Info
▪ Friedrich-Ebert-Platz 13
▪ 07427 Schwarzburg
▪ Tel. 03 67 30/3 60 | Fax 36 24
▪ www.fvv-schwarzburg.de

Info

Tourist-Info
Markt 10 | 98744 Oberweißbach
Tel. 03 67 05/6 21 23 | Fax 6 22 49
www.oberweissbach.de

Hotel

Zum Hirsch ●
Kleines gemütliches Quartier mit gutem Restaurant.
▌ Lichtetalstr. 20
▌ 98744 Unterweißbach
▌ Tel. 03 67 30/2 24 08
▌ www.hotel-restaurant-zum-hirsch.de

Restaurant

Gasthof Zur Schenke ●●
Das Traditionslokal ist seit 1843 in Familienbesitz; thüringische Küche, Pensionszimmer. Do geschl.
▌ Markt 8 | Oberweißbach
▌ Tel. 03 67 05/6 20 48
▌ www.gasthofzurschenke.de

Großbreitenbach 🗓21

In Großbreitenbach hat Kräuteranbau eine lange Tradition. Heute werden hier **Kräuterwanderungen und -seminare** angeboten (Tel. 3 67 81/4 17 50, www.stadt-grossbreitenbach.de).

Erst-! klassig

Durchaus sehenswert ist hier außerdem das **1. Thüringer Kloßpressenmuseum** (Myliusstr. 6, Tel. 03 67 81/4 18 15, Di–Fr 10–16, Sa, So 13–16 Uhr).

Hotel

Feriendorf Bad Hundertpfund ●
Komfortable Bungalows, Liegewiesen und Pool; ideal für den Familienurlaub.
▌ 98701 Großbreitenbach

▌ Tel. 03 67 81/ 3 80 36 | Fax 3 80 60
▌ www.badhundertpfund.de

Neuhaus am Rennweg 🗓22

Mitten durch das 835 m hoch gelegenen Erholungs- und Wintersportort verläuft der Rennsteig. Sehenswert sind die neogotische **Stadtkirche** und das Heimatmuseum im **Geißlerhaus** (www.heimatmuseum-geisslerhaus.de).

Info

Tourist-Information
▌ Marktstr. 3
▌ 98724 Neuhaus am Rennweg
▌ Tel. 0 36 79/72 20 61 | Fax 70 02 28
▌ www.neuhaus-am-rennweg.de

Hotel

Rennsteighotel Herrnberger Hof ●●
Nah am Wald gelegen, mit gutem Preis-Leistungsverhältnis.
▌ Eisfelder Str. 44 | Tel. 0 36 79/7 92 00
▌ www.rennsteighotel.de

Schmiedefeld 🗓23

Östlich von Neuhaus liegt Schmiedefeld, der Hauptort des Lichtetals. In der ehemaligen Bergarbeitersiedlung hat man seit dem 12. Jh. bis ins Jahr 1972 Eisenerze abgebaut. Besucher können heute im **Schaubergwerk Morassina** hautnah erfahren, wie die Bergleute früher die Welt unter Tage erlebten (Tel. 03 67 01/6 15 77, www.morassina. de, April–Okt. 10–16, Nov.–März 11–15 Uhr).

Lauscha ist berühmt für seine mit Schiefer verkleideten Häuser

Über Kräuter und Arzneien der Volksmedizin informiert das **Kräuter- und Olitätenmuseum** »Beim Giftmischer«. Olitäten nannte man früher die Elexiere und Salben, die von den Olitätenhändlern im Ort hergestellt und durch die sogenannten Buckel-apotheker vertrieben wurden (Tel. 03 67 01/2 06 90, www.beim-gift mischer.de, Mi–So 13–17 Uhr, wöchentliche Kräuterwanderungen).

Info

Tourismusbüro Lichtetal am Rennsteig
▮ Saalfelder Str. 35 | 98739 Schmiedefeld
▮ Tel./Fax 03 67 01/2 06 90
▮ www.lichtetal.de

Lauscha 24

Einen Halt lohnt Lauscha vor allem wegen seiner mit Schiefer verkleideten Häuser und der Glasbläsereien. 1597 wurde hier die erste Glashütte gegründet, vor ca. 150 Jahren der gläserne Christbaumschmuck erfunden. Das **Museum für Glaskunst**

informiert über die Glasbläserei (Oberlandstr. 10, Tel. 03 67 02/2 07 24, www.glasmuseum-lauscha.de, Di–So 11–16 Uhr). Die **Farbglashütte Lauscha** ist eine der ältesten Glashütten Deutschlands. Hier kann man Glasherstellung life miterleben (Straße des Friedens 46, Tel. 03 67 02/28 10, www.farbglas huette.de, Mo–So 10–17 Uhr).

Aktiv

Skiflyer
Wie richtige Skiflieger können sich Mutige fühlen, wenn sie sich in der Anlage 150 m weit in die Lüfte heben. Man ist durch ein Stahlseil abgesichert und trägt Bergsteigerausrüstung.
▮ Steinach | 6 km südlich von Lauscha
▮ Tel. 07 00/77 00 77 11
▮ www.roc-team.de

Info

Tourist Information
▮ Oberlandstr. 10
▮ 98724 Lauscha
▮ Tel. 03 67 02/2 29 44 | Fax 3 08 36
▮ www.lauscha.de

Shopping

Glaslädle König
In dem Familienbetrieb werden hochwertige Glasartikel entworfen und von Hand gefertigt und bemalt.
▮ Straße des Friedens 33
▮ Tel. 03 67 02/2 03 68 |
▮ www.glas-koenig.com

Lehesten 25

Der Abbau von Schiefer, auch das Blaue Gold genannt, hat die kleine Stadt bekannt gemacht. Dort entstanden die größten Schiefertagebaue Europas. Auch viele Fassaden und Dacheindeckungen sind heute noch mit Schiefer ausgekleidet. Im Schieferpark erfährt man alles über Wand- und Dachschiefer (Tel. 03 66 53/2 62 70, www.schieferpark.de, März–Okt. Führungen Di bis Do 10, 13, Fr 10, Sa, So 10.30, 14 Uhr).

9 Rennsteig

Zwischen Hörschel an der Werra und Blankenstein an der Saale verläuft über eine Entfernung von 168 km der berühmteste Wanderweg Deutschlands. Auf Höhen von 800–900 m geht es durch die Wälder und Wiesen von Thüringer Wald, Thüringer Schiefergebirge und Frankenwald. Eine gut ausgebaute Infrastruktur macht es dem Wanderer leicht, den mit einem weißen »R« markierten Rennsteig komplett zu bewältigen oder auch nur auf einer Tageswanderung zu erkunden.

Erstmals urkundlich erwähnt wurde der Rennsteig 1330 in einem Kaufbrief als »Rynnstieg« (schmaler Weg). Mit dem Kurfürstenstein bei Steinwabach a. d. Werra wurde 1513 der älteste Rennsteig-Wappenstein gesetzt. Die Strecke erlangte Bedeutung als Handels-, vor allem aber als schneller Kurierweg abseits der Städte. Bis heute ist man sich nicht darüber einig, ob der Name von »rennen« abgeleitet wurde, also auf die eiligen Botenläufer zurückzuführen ist, oder von dem Wort »Rain«, das »Grenze« bedeutete.

Der Rennsteig markiert auch die Grenze zwischen Thüringen und Franken, wie man an zahlreichen Grenzsteinen am Wegesrand sehen kann. Die Bezeichnung Rennsteig ist seit 1578 nachweisbar. Anfang des 19. Jhs. wurde der Rennsteig als Wanderweg bekannt und seit Ende dieses Jahrhunderts gibt es ausgeschilderte Wege. Im Jahresprogramm sind Wanderungen für flotte Geher ebenso wie für Gemütliche › S. 23. Für richtige Renner startet jährlich im Mai der traditionelle Rennsteiglauf, der größte Cross-Country-Lauf Europas. Die Strecken sind 21, 43 und 73 km lang.

Die interessantesten Themen-Wanderwege

- Jena ist der Startpunkt einer 70 km langen Rundwanderung auf der Saale-Horizontale. Auf schmalen Pfaden genießt man fantastische Ausblicke auf das Saaletal und die Stadt Jena.
- Der **Martin-Luther-Weg** von Schmalkalden › S. 96. nach Tambach-Dietharz folgt der Reise des Reformators im Jahre 1537 (17 km).
- Ein Goldsäckchen ist das Markierungszeichen des **Goldpfades**, der die Geschichte der Goldgewinnung in Thüringen zum Thema hat. Er führt von Schalkau nach Goldisthal im oberen Schwarzatal (30 km).
- Auf dem **Gipfelwanderweg** bei Suhl › S. 101 erklimmt man 7 Gipfel des Thüringer Waldes (30 km).
- Auf dem ***Goethewanderweg** folgt man den Spuren des Dichters in und um Ilmenau › S. 102.

Werratal

Das Beste!

- **Im historischen Gradierwerk** von Bad Salzungen die gesunde Luft schnuppern › S. 111
- **In Meiningen hinter die Kulissen** im Theatermuseum schauen › S. 113
- **In Sonnebergs Spielzeugmuseum** sich wieder wie ein Kind fühlen › S. 115, 116
- **Über die Höhen** des Biosphärenreservats Rhön wandern › S. 112
- **Die Fachwerkbauten** im Hennebergischen Museum bewundern › S. 114

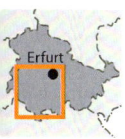

Die Werra entspringt im Süden Thüringens zwischen Thüringer Wald und Thüringer Schiefergebirge und vereint sich in Hessen mit der Fulda zur Weser.

Auf ihrem Weg fließt sie durch enge Täler, vorbei an unberührten Flussauen. Einer Perlenkette gleich säumen Burgen und Schlösser den Flusslauf, denn die Werra stellte früher eine natürliche Barriere dar, die Schutz vor Feinden bot und Einnahmen aus Brückenzoll oder Fährgeldern sicherte. Wasserwanderer finden hier ein Netz aus Bootsverleihen und Anlegestellen, Radfahrer einen 300 km langen Fernradweg.

Touren in der Region

Tour 13 Burgen und Schlösser

Tour-Übersicht:

Verlauf: Creuzburg › Bad Salzungen › Wasungen › Meiningen › Kloster Veßra › Römhild › Schleusingen › Sonneberg

Dauer: 4–5 Tage, 210 km
Praktische Hinweise:
▪ Diese Tour kann auch gut mit der Bahn gemacht werden.

Tour-Start:

Die Tour beginnt an der **Creuzburg** › S. 110, einer bedeutenden Residenz der Thüringer Landgrafen, und führt anschließend in die Kurstadt **Bad Salzungen** › S. 111 mit heilkräftigen Solequellen. Hier kann man sich im Keltenbad zu Un-

terwassermusik entspannen. In **Wasungen** › S. 112 bietet sich Burg Maienluft zur Übernachtung an. Am nächsten Tag geht es nach **✱✱Meiningen** › S. 113, einer traditionellen Theaterstadt, woran das Theatermuseum im barocken Schloss Elisabethenburg erinnert. Einen besonders schönen Blick auf das Werratal hat man vom Schlosshotel Landsberg. In Richtung Osten gelangt man zum Freilichtmuseum des **Klosters Veßra** › S. 114 mit historischen Werkstätten und Wohnungen. Ein Erlebnis sind die Ruinen der über 2000 Jahre alten **✱Keltenfestung bei Römhild** › S. 114. Ein schöner Aussichtspunkt ist Schloss Bertholdsburg bei **Schleusingen** › S. 114. Abschließend lohnt sich ein Besuch des Spielzeugmuseums in **Sonneberg** › S. 116. Hier kann man sich in Miniatur das Kirmestreiben auf dem Marktplatz einer thüringisch-fränkischen Kleinstadt um 1900 ansehen.

Werratal an der Grenze zu Hessen

Wasserwandern
auf der Werra

Tour-Übersicht:

Verlauf: Meiningen › Wasungen › Bad Salzungen › Vacha › Hörschel › Creuzburg

Dauer: 3–4 Tage, 130 km
Praktische Hinweise:
■ Man kann mit Zweierkajaks fahren.
■ Ab Bad Salzungen ist die Werra für Kanadier befahrbar. Infos: www.werratal.de

Tour-Start:

Die geruhsam dahingleitende Werra erlaubt Paddeln ohne Kraftanstrengung. Da jeder Ort am Fluss Anlegestellen besitzt, kann man frei über die Länge seiner Etappen entscheiden und einige der Sehenswürdigkeiten an der Strecke aufsuchen. So sollte man sich in ****Meiningen** › S. 113 die Altstadt, das ****Schloss Elisabethenburg** und das Theater ansehen. Bei ***Wasungen** › S. 112 bietet sich die Märchenhöhle Walldorf an, sie liegt etwa 500 m von der Werra entfernt. Von **Bad Salzungen** › S. 111 mit seinem Erlebnisbergwerk geht es weiter nach Vacha zur Burg Wendelstein (Tel. 03 69 62/ 2 27 44, www.museum-vacha.de, Di, Do, Fr 10–17, Mi 10–12, Sa, So 14–17 Uhr). In **Creuzburg** › S. 110 empfängt einen schließlich die imposante Werrabrücke.

Unterwegs im Werratal

Creuzburg ㉖

Die kleine Stadt (2400 Einw.) hat sich seit 1215 kaum ausgedehnt, wichtige mittelalterliche Bauten blieben erhalten. Wer von Nordwesten kommt, erblickt als erstes die bereits 1223 errichtete siebenbogige ***Werrabrücke** am Ortseingang. Sie ist die älteste Natursteinbrücke im mittleren Deutschland. In der spätgotischen **Liboriuskapelle** sieht man Fresken des 16. Jhs. Von der Werrabrücke aus sind verschiedene Wanderwege ausgeschildert (2,5 bis 13 km). Das Gebiet des Werradurchbruchs steht unter Naturschutz und ist besonders in den Monaten Mai und Juni zur Orchideenblüte ein lohnendes Ziel.

Erst-
klassig

*Burg Creuzburg

Schon Elisabeth von Thüringen hielt sich auf der Burg auf. Nach der Wartburg war sie die wichtigste Residenz der Landgrafen von Thüringen. Teile des romanischen Palais und das »Gelbe Haus«, ein Renaissancebau von 1606, sind erhalten. In letzterem informiert das Heimatmuseum über die Geschichte der Burg (Tel. 03 69 26/79 80 47, April bis Okt. Di–So 10–17, sonst bis 16 Uhr). Ferner gibt es hier eine Töpferwerkstatt mit Schauführungen.

Info

Fremdenverkehrsbüro
- Am Markt 3 | 99831 Creuzburg
- Tel./Fax 03 69 26/9 80 47
- www.creuzburg-online.de

Hotel

Auf der Creuzburg ●●
Kleines Hotel mit geschmackvoll eingerichteten, komfortablen Zimmern. Mit
Restaurant, Café und Biergarten (Mo
geschl.).
- Burgberg 1 | Tel. 03 69 26/7 13 04
- www.burg-creuzburg.de

Bad Salzungen 27

Auf den Spuren der Geschichte
wandelt der Gast in diesem Heilbad
(15 600 Einw.), das durch sein Gradierwerk von 1801 und als Soleheil-
bad für Atemwegserkrankungen
bekannt wurde. Die Altstadt prägen
Fachwerkhäuser im Hennebergischen und Fränkischen Stil. Die Namen der Gässchen wie »Silge« und
»Halber Mond« erinnern an die
Salzsieder, die 1000 Jahre lang auf
dem Nappenplatz in großen Pfan-
nen das hier entdeckte Salzwasser
erhitzten. Das **Keltenbad** führt diese
langjährige Badetradition fort.
Hauptattraktion ist der Salztopf mit
15-prozentiger Sole, in der man zu
keltischer Unterwassermusik wie
im Toten Meer schwerelos treibt
(Am Flößrasen 1, www.keltenbad.
de, tgl. 10–22 Uhr).

Info

Touristinformation
- Am Flößrasen 1
- 36433 Bad Salzungen
- Tel. 0 36 95/69 34 20 | Fax 69 34 21
- www.badsalzungen.de

Erlebnisbergwerk
Merkers 28

Starten Sie zu einer dreistündigen
Grubenfahrt: Auf offenen Prit-
schenwagen geht es bergauf, bergab

Die besten Wellness-Tempel

- **Friederiken Therme Bad Langensalza:** Die Therme bietet ihren Gästen als Besonderheit eine Rosensau-
na mit Rosenaromen und
Rosenquarzsteinen › S. 49.
- **Kyffhäuser Therme Bad Frankenhausen:** Das Wellness- und Erlebnisbad lockt nicht nur Kinder mit Was-
serfällen und einer 50 m langen
Rutsche › S. 52.
- **Avenida Therme Hohenfelden:**
Rund 1000 m² Wasserfläche besitzen
Innen- und Außentherme mit drei
Erlebnisrutschen. Im Hamambad
kann man sich mit Massagen ver-
wöhnen lassen › S. 84.
- **Keltenbad Bad Salzungen:** Große
Bade- und Saunalandschaft mit
einem Becken, in dem man wie im
Toten Meer schwerelos schweben
kann › S. 111.
- **Toskana-Therme Bad Sulza:** 30 km
nordöstlich von Weimar entspannen
sich Körper und Seele in sieben Bade-
becken und Whirlpools, in der Sauna
und in einem Klang- und Farbbad
(Rudolf-Gröschner-Str. 11,
Tel. 03 64 61/9 20 00,
www.toskanaworld.net).

durch das einst größte Kaliberg-werk der Welt (Zufahrtstr. 1, 36460 Merkers, Tel. 0 36 95/61 41 01, www.erlebnisbergwerk.de, Kinder erst ab 10 J., April–Okt. Di–Sa 9.30, 13.30, So 10.30, Nov.–März Di–Sa 9.30, 13.30 Uhr)

Biosphärenreservat Rhön 29

Offene Hochflächen und freieKup-pen, Bergwiesen mit Orchideen und Moore prägen die weite Landschaft. 6000 km markierte Wanderwege führen quer durch die Rhön (www.biosphaerenreservat-rhoen.de).

Info

Biosphärenreservat Rhön
- Propstei Zella
- Goethestraße 1 | 36452 Zella/Rhön
- Tel. 03 69 64/86 83 30
- www.biosphaerenreservat-rhoen.de

Breitungen 30

Bereits 933 n. Chr. wird das größte Dorf (4900 Einw.) an der Werra zum ersten Mal urkundlich er-wähnt. Die romanische **Klosterbasi-lika** (1112) hat trotz einiger Zerstö-rungen die Jahrhunderte gut überstanden. Im Sommer finden hier Konzerte statt. Gleich nebenan steht das **Renaissance-Schloss**, ein ehemaliges Kloster, das im 16. Jh. zum Herrensitz umgebaut wurde. Heute kann man hier im **Aktivmuse-um Ländliches Brauchtum** selbst spinnen, Brot backen und buttern (Tel. 03 68 48/8 82 21, Mai–Okt.

Mi, Fr 10–12 und 13–16, 1. und 3. So 14–17 Uhr).

Info

Gästeinformation Breitungen
- Rathausstraße 22, 98597 Breitungen
- Tel. 03 68 48/8 82 21 | Fax 8 82 32
- www.breitungen.de

*Wasungen 31

Wie ein riesiges Straßendorf wirkt das mittelalterliche Städtchen (3500 Einw.), das durch seine Karnevals-tradition bekannt wurde. Die male-rischen Altstadtbefestigungen sind zum Teil erhalten. Das **Rathaus** (1533) und das **Amtshaus** (1607) sind Fachwerkbauten. Die **Stadt-kirche** (1584 bis 1708) besitzt einen spätgotischen Turm. Zu den schönsten Herrenhäusern in Thü-ringen zählen der **Maienhof** (1576) und der **Weyenhof** (1632). Eine At-traktion ist das Thüringer Karne-valsmuseum (Di–Fr 10–12, 13–16, Sa 10–12, So 14–16 Uhr, Okt.–April So geschl.).

Märchenhöhle Walldorf

Vor allem Kinder begeistert ein Be-such der 4 km südl. gelegenen Sandsteinhöhle mit ihren 30 Mär-chenbildern (www.sandstein hoeh-le.de, Tel. 0 36 93/88 12 77, Juni–Aug. tgl. 10–18, März–Mai und Sept./Okt. 10–17 Uhr).

Hotel

Hotel-Restaurant Burg Maienluft ●●
Gediegener Komfort in historischem Gemäuer.
- Tel. 03 69 41/78 40 | Fax 7 84 50

**Meiningen ③②

Gepflegte Parkanlagen im englischen Stil laden zum Spaziergang ein. Diese Stadt (22 300 Einw.) wurde vor allem durch die Meininger, die Theatertruppe Herzog Georgs II. bekannt. Der Thüringer Regent und Künstler schuf im 19. Jh. historisch-realistische Musterinszenierungen von Dramen Shakespeares, Schillers und Kleists. In dieser Tradition bietet die Stadt ihren Gästen kulturelle Veranstaltungen vom Puppenspiel über Schauspiel und Musiktheater bis hin zu Ausstellungen und Konzerten.

Das Meininger Theater gilt als exquisite Spielstätte

**Schloss Elisabethenburg

Das barocke Schloss wurde 1682 bis 1692 unter Einbeziehung der bischöflichen Burg von 1511 (heute Nordflügel) errichtet. Die einstige Schlosskirche im Südflügel wird als Konzertsaal genutzt. Die Repräsentationsräume beherbergen die Meininger Museen (Tel. 0 36 93/ 50 36 41, www.meiningermuseen.de). Abseits, in der einstigen Reithalle, ist das **Theatermuseum** etabliert. Unter dem Titel »Zauberwelt der Kulissen« zeigt es Bühnendekorationen aus der Reisezeit der Meininger (Tel. 0 36 93/47 12 90, Di–So 10–18 Uhr, Führungen Di–So 10, 12, 14 und 16 Uhr). Das **Literaturmuseum Baumbachhaus** widmet sich Dichtern und Schriftstellern aus dem 18. und 19. Jh., darunter Schiller und der einstige Bewohner des Fachwerkhauses, Rudolf Baum-

bach. Dieser schrieb den Text für das bekannte Lied »Hoch auf dem gelben Wagen« (Di–Fr 10–12, 13 bis 18, Sa, So 14–16 Uhr).

Info

Tourist Information
- Markt 14 | 98617 Meiningen
- Tel. 0 36 93/4 46 50 | Fax 44 65 44
- www.meiningen.de

Hotels

Sächsischer Hof ●●–●●●
40 Zimmer mit viel Komfort; Gourmetrestaurant, Wellnessangebote.
- Georgstr. 1 | Tel. 0 36 93/45 70
- www.saechsischerhof.com

Altstadt Hotel ●●
Hotel garni, ruhig, am Werra-Ufer, 8 Gehminuten vom Marktplatz.
- Baumbachstr. 2 | Tel. 0 36 93/8 76 90
- www.altstadthotel-meiningen.de

Restaurant

Schloss Landsberg ●●●
Neugotische Anlage in fantastischer Lage mit herrlichem Ausblick auf das liebliche Werratal.

- Landsberger Str. 150
- Tel. 0 36 93/4 40 90
- www.schlosshotel-landsberg.de

*Kloster Veßra 33

Das Klostergelände beherbergt das **Hennebergische Museum.** Von der Klosterkirche (1138) blieben nach einem Brand 1939 nur die Mauern des Schiffes, der Westbau und die Grabkapelle der Henneberger erhalten. Das **Freilichtmuseum** zeigt Werkstätten, Backhäuser, eine Wassermühle sowie in den Fachwerk-häusern historische Wohnungen (Tel. 03 68 73/6 90 30, www.museumklostervessra.de, April–Okt. 9–18, Nov.–März 10–17 Uhr, Nov.–April Mo geschl.).

Erst-klassig

Hildburghausen 34

In dem Städtchen (11 700 Einw.) residierten von 1680 bis 1826 die Herzöge von Sachsen-Hildburghausen. Ihnen ist es zu verdanken, dass die Innenstadt bis heute durch zahlreiche Bauten des Spätbarock geprägt wird. Das **Rathaus** geht auf ein mittelalterliches Steinhaus zurück. Nach seiner Zerstörung 1572 wurde es im Renaissancestil wiedererrichtet. Das **Stadtmuseum** in der »Alten Post« informiert u. a. über Joseph Meyer und das Bibliographische Institut, das hier 1828–1874 »Meyers Conversationslexikon« herausgab

(Apothekergasse 11, Tel. 0 36 85/40 36 89, www.museum-hildburghausen.de, Di–So 10–17 Uhr).

Info

Tourist-Information

- Markt 25 | 98646 Hildburghausen
- Tel. 0 36 85/4 05 83
- www.hildburghausen-info.de

Römhild 35

Nahe des Residenzstädchens befand sich auf dem Kleinen Gleichberg (642 m) vom 5. bis zum 1. Jh. v. Chr. eine 70 ha große ****keltische Burganlage,** das größte vorgeschichtliche Denkmal Thüringens. Auch nach mehr als 2000 Jahren beeindrucken in den Mischwäldern die 10 km langen Ringwälle und die Massen von Basaltbrocken, die die Kelten zu Mauern aufgeschichtet hatten.

Im **Steinsburgmuseum** werden frühgeschichtliche Funde aus den Gleichbergen ausgestellt (Waldhaussiedl. 8, Tel. 03 69 48/2 05 61, Di–So 9–17 Uhr).

Hotel

Hotel Waldhaus ●●
Freundliches Haus mit fränkisch-thüringischer Küche. Schöner Biergarten.

- Am Sandbrunnen 10
- Tel. 03 69 48/8 01 47
- www.keltenhotel-waldhaus.de

Schleusingen 36

Als »Villa Slusungen« wird die Stadt (5400 Einw.) 1232 erstmals erwähnt. Schon von weitem ist das

Schaukelpferd & Co

Verspielt: Sonneberg

Im **Deutschen Spielzeugmuseum** fesseln nicht nur die Ausstellungsstücke. Kinder zieht es in die Spielecke, und in den Ferien folgt eine Sonderveranstaltung auf die andere. So kann man Faschingsmasken nach alter Machart herstellen oder zu Weihnachten Adventsschmuck basteln und Kerzen ziehen. Im **Deutschen Teddybärenmuseum** mit Schauwerkstatt lohnt sich ein Besuch, ebenso wie bei den **Piko Modelleisenbahnen.**

▪ **Deutsches Spielzeugmuseum**
  Beethovenstr. 10
  Sonneberg
  Tel. 0 36 75/4 22 63 40
  www.spielzeugmuseum-sonneberg.de
▪ **Teddybären-Museum/
  Martin Dären**
  Bahnhofstr. 29 | Sonneberg
  Tel. 0 36 75/70 20 08
  www.martinbaeren.de
▪ **Piko Modelleisenbahnen**
  Lutherstr. 30 | Sonneberg
  Tel. 0 36 75/89 72 42
  www.piko.de

Thüringens gute Puppenstube

1805–2005 wurden in Waltershausen in über 50 Betrieben Puppen produziert. Die berühmtesten Exemplare kann man im Museum auf Schloss Tenneberg bestaunen.

▪ **Museum Schloss Tenneberg**
  99880 Waltershausen
  Tel. 0 36 22/6 91 70
  April–Okt. Mi–So 10–17, Nov.–März
  Mi–So 10–16 Uhr, Jan. geschlossen

Tradition verpflichtet

Die Volkstedter Porzellanmanufaktur ist die älteste in Thüringen. Sie produziert Figuren aus dem ländlichen Leben wie Schäfer, Gärtner und Jäger, aber auch viele Tiere. Tradition schließt Modernität nicht aus: Seit kurzem kann man den Künstlern in einer gläsernen Manufaktur über die Schulter sehen.
Gläserne Porzellanmanufaktur

▪ **Gläserne Porzellanmanufaktur**
  Breitscheidstr. 7 | 07426 Königsee
  Tel. 0 36 72/4 80 20 | www.glaeserne
  porzellanmanufaktur.eu

Bild oben: Deutsches Spielzeugmuseum **115**

von vier Türmen flankierte ***Schloss Bertholdsburg** (13. Jh.) zu sehen. Es diente den Grafen von Henneberg als Wohnsitz. Im 15./16. Jh. wurde es im Stil der Spätgotik und Renaissance ausgebaut. Einer der Türme lockt heute als Aussichtspunkt; im Schloss informiert das Naturhistorische Museum über Flora, Fauna und Geologie Thüringens (Burgstr. 6, www.museum-schleusingen.de, Di–Fr 9–17, Sa, So 10–18 Uhr).

Info

Fremdenverkehrsbüro
▪ Markt 6 | 98553 Schleusingen
▪ Tel. 03 68 41/3 15 61 | Fax 4 17 11
▪ www.schleusingen.de

Nightlife

Naturtheater Steinbach-Langenbach
Von Volksmusik über Oper bis zum Rockkonzert (Mai–Anfang Sept.).

Oben: In Schloss Bertholdsburg
Rechts: Top-Sehenswürdigkeit bei Saalfeld – die Feengrotten

▪ 98667 Steinbach
▪ Tel. 03 68 74/3 85 36
▪ www.theater-im-gruenen.de

Sonneberg 37

Zwei Brände (1596 und 1840) zerstörten große Teile der Spielzeugstadt (21 700 Einw.). Später entstand ihr nunmehr markantestes Gebäude, die **neugotische Stadtkirche** nach dem Vorbild der St.-Lorenz-Kirche in Nürnberg.

Das ***Deutsche Spielzeugmuseum** besitzt eine Sammlung von etwa 70 000 Spielsachen. Neben unzähligen Teddybären und Puppen wird auch das Diorama »Thüringer Kirmes« gezeigt, das für die Brüsseler Weltausstellung 1910 angefertigt wurde. Wahre Kostbarkeiten sind einige antike Spielsachen und Arbeiten aus Übersee (Beethovenstr. 10, Tel. 0 36 75/4 22 63 40, www.spielzeugmuseum-sonneberg. de, Di–So 10–17 Uhr) › **S. 115**.

Erst-klassig

Info

Sonneberg-Information
▪ Bahnhofplatz 3
▪ 96515 Sonneberg
▪ Tel. 0 36 75/70 27 11
▪ Fax 74 20 02
▪ www.sonneberg-tourismus.de

Restaurant

Lutherhaus ●●
Urgemütliche Gaststätte in einem Holzschrothaus aus dem Jahr 1530, serviert werden hausgemachte Spezialitäten. Mo geschl.
▪ Lutherhausweg 19
▪ Tel. 0 36 75/70 39 58

Thüringens Osten

Das Beste!

- Bei einer Vorführung im Zeiss-Planetarium Jena zu den Sternen blicken › S. 124
- Mit dem Ausflugsschiff über das Thüringer Meer und die Bleilochtalsperre schippern › S. 134
- Von den Dornburger Schlössern den Blick übers Saaletal genießen › S. 123
- In Altenburg einen Grand ohne Vier gewinnen › S. 138

Saale und Weiße Elster fließen durch den Osten Thüringens, der von den Städten Apolda, Altenburg, Greiz und Saalfeld begrenzt wird.

Die Landschaft mag zwar nicht ganz so reizvoll sein wie andere der in diesem Buch beschriebenen Gebiete, kulturell steht sie ihnen aber in nichts nach. Zum Teil hat Thüringen das seinen vielen Fürsten zu verdanken. Bis 1919 bestand es nämlich aus sieben Fürstentümern und einem preußischen Regierungsbezirk, wobei jeder Regent gerne ein Schloss und einen Park sein eigen nennen wollte. So besitzt Greiz gleich zwei Schlösser, und in Rudolstadt steht mit Schloss Heidecksburg eines der schönsten deutschen Barockschlösser. Der größte und bekannteste Ort ist Jena mit seinen weltberühmten feinmechanischen und optischen Produkten.

Touren in der Region

Die Saale flussabwärts

Tour 15

Tour-Übersicht:

Verlauf: Bad Lobenstein › Saalburg › Schloss Burgk › Saalfeld › Bad Blankenburg › Rudolstadt › Kahla › Jena › Dornburger Schlösser

Dauer: 2–3 Tage, 139 km
Praktische Hinweise:
▪ Die Tour ist am bequemsten mit dem Auto, aber auch für Radfahrer geeignet. Dann sollte man jedoch etwas mehr Zeit einplanen.

Tour-Start:

Die Tour folgt dem Lauf der Saale. Bevor 1926–1963 die Talsperren errichtet wurden, war die Saale ein wilder Fluss. Bis zu 150 m tief schnitt sich der gewundene Oberlauf in das Thüringische Schiefergebirge ein, gesäumt von Mischwäldern und steil aufragenden Felswänden. Auf diese ursprüngliche Flusslandschaft trifft man heute nur noch selten. Aber auch die neu entstandene Seenkette an der oberen Saale hat ihre Reize.

Wenn Ihnen der Sinn nach gepflegter Entspannung und Wellness steht, dann starten Sie Ihre Reise in der Ardesia-Therme in **Bad Lobenstein › S. 134**. Und dann packen Sie die Badehose ein oder nehmen sich Zeit für eine Motorbootfahrt an der **Bleilochtalsperre › S. 134**. Deutschlands größter Stausee schlängelt sich 28 km lang nordwärts, malerisch von Wäldern eingerahmt. Das

Angebot reicht von Tretbootfahrten über Ruderboote bis zu Tagestouren mit Kanadiern. Einfach nur Baden ist auf der Bade- und Surfwiese möglich. Auch an der **Talsperre Hohenwarte** › S. 132 schippern Boote. Und angeln können Sie Bachforellen und Äschen.

Den zweiten Teil der Reise widmen Sie sich dann mehr den Burgen und Schlössern. Hier folgt buchstäblich ein Höhepunkt auf den nächsten. Erst ****Schloss Burgk** › S. 132 mit seiner mittelalterlichen Wehranlage, dann die Feengrotten in ***Saalfeld** › S. 130, Burg Greifenstein in ***Bad Blankenburg** › S. 130 und gleich darauf ****Schloss Heidecksburg** in ****Rudolstadt** › S. 129. Auch das nahe **Wasserschloss Großkochberg** lohnt einen Abstecher. Einst gehörte es der Familie von Stein. Goethe besuchte hier des öfteren seine Vertraute Charlotte von Stein. **Kahla** › S. 128 besticht mit einer intakten Stadtmauer und der Leuchtenburg. Am Ende der Tour

wartet noch einmal ein echter Höhepunkt: der Schlosspark der ****Dornburger Schlösser** › S. 123. Weinberge, Barockgärten mit Rosenspalieren und Laubengängen sowie ein englischer Landschaftsgarten umrunden die drei Schlösser und bieten spektakuläre Ausblicke zur Saale. Übernachten kann man in der Pension Schlossberg (Tel. 03 64 27/2 24 52, www.dornburgerschloesser.de).

Tour 16 Von Greiz nach Altenburg

Tour-Übersicht:

Verlauf: Greiz › Gera › Altenburg

Dauer: 1–2 Tage, 65 km

Praktische Hinweise:
▪ Diese Tour klappt auch per Bahn. Die Fahrzeit Greiz – Gera beträgt ca. eine halbe Stunde, von Greiz nach Altenburg rund 50 Minuten.

Im Wasserschloss Großkochberg war Goethe häufig bei Charlotte von Stein zu Gast

Tour-Start:

Wenn Sie die beschauliche Atmosphäre ehemaliger thüringischer Residenzstädte erleben möchten, liegen Sie mit dieser Tour richtig. So war **Greiz** › **S. 139** mehr als 600 Jahre lang Residenz der Fürstenlinie Reuß. Zwei Schlösser und der Landschaftspark mit dem Sommerpalais erinnern an diese Zeit. Architektonisch besonders vielseitig präsentiert sich **Gera** › **S. 135** mit schönen Bürgerhäusern aus dem 18. Jh., dem

Rathaus im Renaissance-Stil und einem Jugendstiltheater. Obwohl es die drittgrößte Stadt Thüringens ist, gibt es hier genug idyllische Ecken zu entdecken. Gehen Sie nur einmal auf den Rathausturm und schauen Sie sich nach allen Seiten um. Die ganze Stadt ist von einem grünen Villengürtel umgeben. Kunstinteressierte können auf den Spuren des Künstlers Otto Dix wandeln.

Noch mehr Kunstschätze findet man in der Skatstadt ****Altenburg**

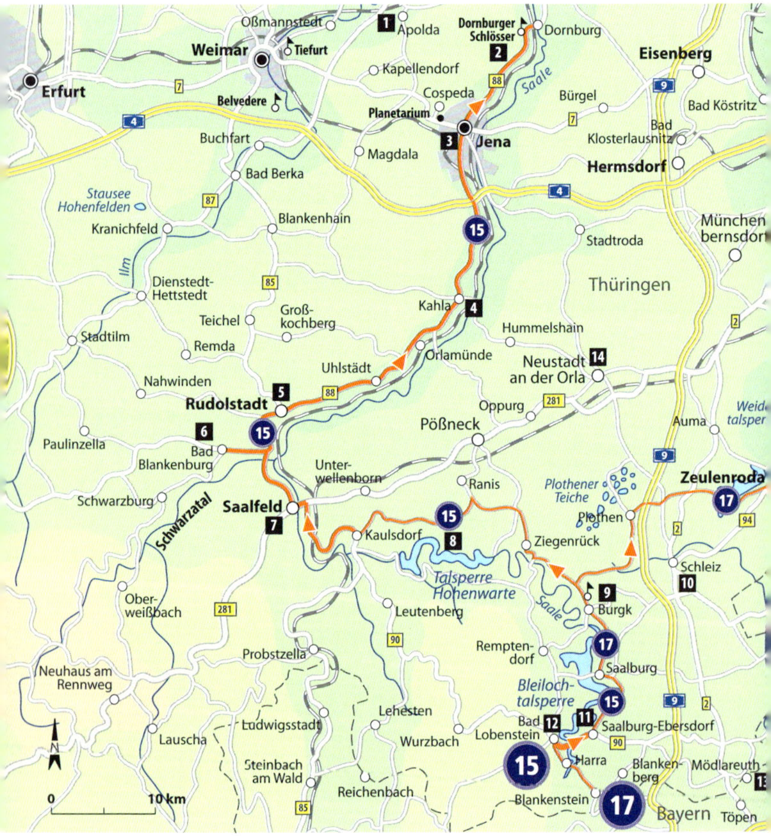

› S. 138. Hier ist, neben dem Altenburger Schloss, das Lindenau-Museum › S. 138 ein absoluter Höhepunkt. Als wertvollsten Besitz beherbergt das Museum etwa 180 italienische Tafelbilder des 13. bis 16. Jhs. Darüber hinaus verfügt Altenburg über eine liebevoll restaurierte Altstadt. Starten Sie Ihren Stadtspaziergang am Rathaus am Markt, der von schönen Bürgerhäusern eingerahmt ist. In fußläufiger Entfernung liegen mit der Brüder-

und der Bartholomäikirche zwei weitere Top-Sehenswürdigkeiten. Vom barocken Turm der Bartholomäikirche aus überschauen Sie die ganze Altstadt. In der Uferburg können Sie in mittelalterlicher Atmosphäre übernachten.

Auf dem Radfernweg
Euregio Egrensis

Tour-Übersicht:

Verlauf: Blankenstein › **Saalburg** › **Schloss Burgk** › **Plothen** › **Zeulenroda** › **Greiz**

Dauer: 4–5 Tage, 138 km
Praktische Hinweise:
- Der größte Teil der Strecke ist asphaltiert, 16 km fährt man auf Wald- und Wiesenwegen.
- Infos: www.thueringen-tourismus.de, Menüpunkt Radfahren.

Touren in der Region

Tour **15**
Die Saale flussabwärts
Bad Lobenstein › Saalburg › Schloss Burgk › Saalfeld › Bad Blankenburg › Rudolstadt › Kahla › Jena › Dornburger Schlösser

Tour **16**
Von Greiz nach Altenburg
Greiz › Gera › Altenburg

Tour **17**
Unterwegs auf dem Radfernweg Euregio Egrensis
Blankenstein › Saalburg › Schloss Burgk › Plothen › Zeulenroda › Greiz

Dornburgs Rokokoschloss

Tour-Start:

Der Fernradweg Euregio Egrensis verbindet Thüringen mit Bayern, Sachsen und Böhmen. Stille Seen, sanfte Hügellandschaften und mächtige Burgen begleiten Sie auf dieser Radtour, die zu Beginn dem Lauf der Saale folgt. Sie starten in **Blankenstein,** einem kleinen Ort inmitten unberührter Natur. Zur

Übernachtung empfiehlt sich das einfache Gasthaus Rennsteig (Lobensteiner Str. 3, Tel. 03 66 42/ 2 22 30). Beim nächsten Halt in **Saalburg** › S. 134 freuen sich die Kinder auf Märchenwald und Sommerrodelbahn. Weiter geht es durch eine waldreiche Landschaft nach ****Burgk** › S. 133, hier steht eine der ältesten Schlossanlagen in Thüringen. Übernachten kann man in **Schleiz** › S. 133. Bei Burgk verlässt der Radweg die Saale und führt nach **Plothen** › S. 134, ein großes Teich- und Seengebiet und Lebensraum für viele Vogelarten. Im Gebiet um **Zeulenroda** radelt man durchs Thüringer Schiefergebirge. Beliebt zum Übernachten ist das Bio-Seehotel Zeulenroda (Bauerfeindallee 1, Tel. 03 66 28/ 9 80, www.bio-seehotel-zeulenroda.de). Den romantischen Schlusspunkt setzt **Greiz** › S. 138. Eingerahmt von Berghängen und Höhen liegt es malerisch an der Weißen Elster.

Unterwegs in Thüringens Osten

Apolda ①

Seit dem 18. Jh. ist Apolda (21 800 Einw.) in ganz Europa für seine Glockengießerkunst bekannt. Friedrich Schiller schuf der Gießerei mit seinem berühmten Gedicht »Die Glocke« ein literarisches Denkmal. Mehr als 20 000 Glocken wurden bis 1988 in Apolda gegossen, darunter die St. Petersglocke des Kölner Doms.

Über die Geschichte informiert das **Glockenmuseum**. Die Klangkörper darf man ausprobieren (Bahnhofstr. 41, Tel. 0 36 44/5 15 25 70, www.glockenmuseum-apolda.de, Di–So 10–18 Uhr).

Info

Tourist-Information Apolda

▪ Markt 1 | 99510 Apolda

▪ Tel. 0 36 44/65 01 00 | Fax 65 05 18

▪ www.apolda.de

Hotel

Gasthaus und Hotel Falkenburg ●●
Zentral gelegen am Schlossberg. In den
holzvertäfelten Galeräumen werden
Thüringer Spezialitäten serviert.

▪ Jenaer Str. 37
▪ Tel. 0 36 44/56 22 45
▪ www.hotel-falkenburg.de

Dornburger Schlösser 2

Hoch über dem Saaletal dominieren
die drei **Dornburger Schlösser** die
Flussaue auf einem fast senkrecht
aufragenden, 90 m hohen Muschel-
kalkfelsen. Das **Alte Schloss** geht auf
eine Burganlage zurück, die 937
erstmals genannt wird. Das mittlere,
ein kleines **Rokokoschloss,** entstand
in der ersten Hälfte des 18. Jhs. Das
südliche Schloss ist ein Renaissancebau aus dem 16. Jh. Hier wohnte
wiederholt Goethe, zuletzt 1828,
vier Jahre vor seinem Tod – in dem
Eckzimmer nach Süden. Es blieb in
seiner originalen Einrichtung erhalten (Tel. 03 64 27/2 09 34, April–
Okt. tgl. außer Mi 10–17 Uhr). Vom
romantischen Park genießt man einen herrlichen Blick über das Tal bis
zum Tautenburger Forst.

Jena 3

Jena (107 000 Elnw.) überrascht mit
einer Mischung aus Tradition und
Moderne. Spiegelnde Glasfassaden
kontrastieren mit charmanten Bürgerhäusern aus dem 17. Jh. Die
Stadt gilt neben Weimar schon immer als deutsche Klassikerstadt. Die
1558 gegründete Universität war ein
Anziehungspunkt für die Geistes-
welt. Zu ihren Förderern gehörte
Goethe, der in Jena Abstand zum
Weimarer Hof suchte. Auf seine An-
regung hin wurden viele Geistesgrößen nach Jena berufen, unter
ihnen Schiller.

Noch heute ist Jena ein Wissen-
schafts- und Forschungszentrum.
Rund um die Zeiss-Werke, einen
der Weltmarktführer in der Halb-
leiter- und Nanotechnologie, hat
sich bereits zu DDR-Zeiten eine Art
Silicon Valley entwickelt. Firmen
wie Carl Zeiss Jena, Jenoptik, Schott
Jenaer Glas und Jenapharm mach-
ten die Stadt zum Innovations-
zentrum und Wirtschaftsmotor
Thüringens.

Rund um den Markt

Der Marktplatz bildet eines der am
besten erhaltenen Gebäudeensemb-
les der Altstadt, viele andere wurden im Krieg durch Bomben zerstört. In seiner Mitte steht das
Hanfried-Denkmal. Es wurde 1858
zum 300. Jubiläum der Universität
Jena aufgestellt und erinnert an ihren Gründer, Johann Friedrich den
Großmütigen.

Romantikerhaus Ⓐ

Im schlichten einstigen Wohnhaus
des Philosophen Johann Gottlieb
Fichte wurde nach aufwendiger Sanierung ein Literaturmuseum eingerichtet, das über die Jenaer Früh-
romantik informiert (Unterm
Markt 12 a, Tel. 0 36 41/49 82 49,
www.stadtmuseum.jena.de, Di–So
10–17 Uhr).

*Rathaus **B**

Das Rathaus an der Südwestseite des Marktplatzes gilt als ältester Profanbau von Jena. Mit seinen beiden mächtigen gotischen Walmdächern und dem barocken Turm dazwischen bietet es einen unverwechselbaren Anblick und strahlt trotz stilfremder Bauelemente als Ganzes Harmonie aus. Viel bewundert wird die hübsche **Turmuhr,** eine Kunstuhr mit Figurenspiel. Alle Viertelstunde läutet ein Engel sein Glöckchen, und zu jeder vollen Stunde greift über dem Zifferblatt der Schnapphans, eine Jenenser Narrengestalt, nach der Kugel, die ihm von einem Pilger gereicht wird.

Erst-klassig

Stadtkirche St. Michael **C**

Den Eingang zu der spätgotischen Hallenkirche auf der Nordseite des Marktplatzes bildet ein prachtvolles Doppelportal an der Südseite (1390). Im Inneren sind der »Angelus Jenensis«, ein hölzernes Standbild des heiligen Michael, das in einer Bamberger Werkstatt im 13. Jh. gefertigt wurde, und die Bronzegrabplatte Luthers zu sehen. Die 1549 von einem Erfurter Meister geschaffene Arbeit war für die Schlosskirche in Wittenberg vorgesehen (Mai–Okt. Mo 12.30–17, Di bis Sa 10–17 Uhr, Führungen Do 15–17 Uhr).

Stadtmuseum und Kunstsammlung **D**

In einem gotischen Gebäudeensemble mit auffälliger Giebelstellung hat das Stadtmuseum seinen Sitz, wo man sich über die Stadt- und die Universitätsgeschichte sowie das Studentenleben vergangener Zeiten informieren kann. Das Haus beherbergt auch die Kunstsammlung der Stadt Jena – ein Schwerpunkt liegt dabei auf dem 20. Jh. (Markt 7, Tel. 0 36 41/49 82 61, www.stadtmuseum.jena.de, Di, Mi, Fr 10 bis 17, Do 15–22, Sa, So 11–18 Uhr).

Universität **E**

In der Aula des Universitätshauptgebäudes hängt das Monumentalgemälde »Auszug der Jenenser Studenten in den Freiheitskrieg 1813« des Schweizer Malers Ferdinand Hodler von 1908.

Botanischer Garten

Nördlich des Fürstengrabens erstreckt sich der **Botanische Garten** mit Pflanzen aus allen Erdteilen, Gewächshäusern, Alpinum und Arboretum (April–Okt. 10–19, sonst 10–18 Uhr).

Goethe-Gedenkstätte **F**

Die Goethe-Gedenkstätte im ehem. Inspektorenhaus des Gartens erinnert an sein Wirken als Dichter, Naturforscher und Politiker in Jena (Tel. 0 36 41/94 90 09, April–Okt. Mi–So 11–15 Uhr).

*Zeiss-Planetarium **G**

Das Planetarium von 1926 steht am Rand des Botanischen Gartens. Neben sternkundlichen Vorführungen werden hier auch Multivisionsshows mit Lasereffekten geboten (Am Planetarium 5, Tel. 0 36 41/ 88 54 88, www.planetarium-jena. de, tgl. außer Mo).

Erst-klassig

Friedenskirche 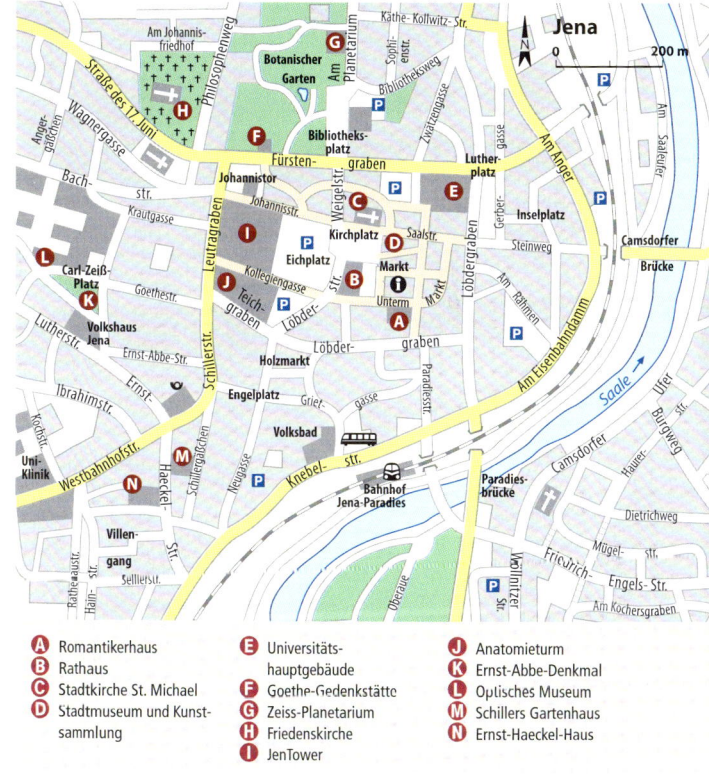 ⓗ

Der dreischiffige Barockbau wurde 1686–1693 errichtet. Der Johannisfriedhof ist die letzte Ruhestätte von Carl Zeiss (1816–1888), dem für seine Liebeslyrik bekannten Johann Christian Günther (1695–1723) und Johanna Schopenhauer (1766 bis 1838), Reisebuchautorin und Mutter des Philosophen.

*JenTower ⓘ

Direkt neben einem imposanten Pulverturm und Teilen der alten Stadtbefestigung (13./14. Jh.) dominiert das ehemalige Universitätshochhaus das Stadtbild. Keksrolle nennen die Jenenser ihr 1972 als DDR-Prestigebau entstandenes Wahrzeichen aus Aluminium und Glas. Der JenTower (128 m) mit 29 Etagen wurde aufwendig saniert. Von der Aussichts- und Kaffeeterrasse genießt man einen weiten Blick über die Stadt (www.jentower.de, tgl. 10–23 Uhr).

Anatomieturm ⓙ

Südlich des JenTower liegt die Ruine des Anatomieturms, wo sich 1750

Ⓐ Romantikerhaus	Ⓔ Universitäts-	Ⓙ Anatomieturm
Ⓑ Rathaus	hauptgebäude	Ⓚ Ernst-Abbe-Denkmal
Ⓒ Stadtkirche St. Michael	Ⓕ Goethe-Gedenkstätte	Ⓛ Optisches Museum
Ⓓ Stadtmuseum und Kunst-	Ⓖ Zeiss-Planetarium	Ⓜ Schillers Gartenhaus
sammlung	Ⓗ Friedenskirche	Ⓝ Ernst-Haeckel-Haus
	Ⓘ JenTower	

Zwei Sommer verbrachte Schiller hier

bis 1860 der anatomische Hörsaal befand. Hier entdeckte Goethe 1784 den Zwischenkieferknochen des Menschen. Im benachbarten »Collegium Jenense«, dem ehemaligen Dominikanerkloster, gründete 1548 Kurfürst Johann Friedrich der Großmütige die spätere Universität.

Carl-Zeiss-Platz
Ernst-Abbe-Denkmal ⓚ

Das tempelartige Gebäude in Würdigung des genialen Wissenschaftlers und Sozialreformers entwarf 1911 Henry van de Velde; Constantin Meunier schuf die Bronzereliefs »Denkmal der Arbeit« im Innenraum. Die Abbe-Büste gestaltete Max Klinger.

10 ### *Optisches Museum ⓛ

Das Museum wurde 1924 als Optikerschule erbaut. Es besitzt eine bedeutende feinmechanische und optische Sammlung. Viele Geräte darf man selbst bedienen (Carl-Zeiss-Pl.

12, Tel. 0 36 41/44 31 65, www.opti schesmuseum.de, Di–Fr 10–16.30, Sa 11–17 Uhr).

Im Süden
*Schillers Gartenhaus ⓜ

In dem Haus wohnte der Professor der Philosophie in den Sommermonaten 1797–1799. Damals lag es noch vor den Toren der Stadt. In der Abgeschiedenheit entstanden zahlreiche Balladen und große Teile des »Wallenstein« (Schillergässchen 2, Tel. 0 36 41/93 11 88, April–Okt. Di–So 11–17, sonst Di–Sa 11 bis 17 Uhr).

Ernst-Haeckel-Haus ⓝ

Das Haus erinnert an Leben und Werk des berühmten Zoologen und Darwinisten Ernst Haeckel (Berggasse 7, Tel. 0 36 41/94 95 06, www. ehh.uni-jena.de, Besuch nur mit Führung, Einlass Di–Fr 10, 11.30, 14 und 15.30 Uhr).

Cospeda

5 km nordwestlich vom Zentrum Jenas begann am 14. Oktober 1806 die Doppelschlacht von Jena und Auerstedt. Das **Museum 1806** erinnert an das Kriegsgeschehen zwischen Preußen und Frankreich (Jenaer Str. 12, Tel. 0 36 41/82 09 25, www.jena1806.de, April–Nov. Mi bis So 10–13, 14–17, Dez.–März nur bis 16 Uhr).

Infos

Jena Tourist-Information
▪ Markt 16 | 07743 Jena
▪ Tel. 0 36 41/49 80 50 | Fax 49 80 55
▪ www.jena.de

Hotels

Steigenberger Hotel Esplanade ●●●
Luxushotel im Stadtzentrum, auf dem
einstigen Zeiss-Gelände.
▮ Carl-Zeiss-Platz 4 | Tel. 0 36 41/80 00
▮ www.jena.steigenberger.de

Hotel am Paradies ●●
Edel gestaltete Zimmer in einem zentral
gelegenen Jugendstilgebäude.
▮ Knebelstr. 3 | Tel. 0 36 41/63 89 86
▮ www.hotel-am-paradies.de

Schwarzer Bär ●●
Traditionshaus in zentraler Lage mit gutem Restaurant.
▮ Lutherplatz 2 | Tel. 0 36 41/40 60
▮ www.schwarzer-baer-jena.de

Pension Berghof ●
Preiswertes Haus in ruhiger Stadtrandlage; 8 Zimmer, 4 Apartments.
▮ OT Drackendorf | Schafberg 4
▮ Tel. 0 36 41/39 66 13
▮ www.pension-berghof.de

Alpha One Hostel ●
1- bis 6-Bett-Zimmer, zentral.
▮ Lassallestr. 8 | Tel. 0 36 41/59 78 97
▮ www.hostel-jena.de

Restaurants

Scala Turmrestaurant ●●●
Mediterrane Küche in der Spitze des
JenTowers.
▮ Leutragraben 1
▮ Tel. 0 36 41/35 66 66
▮ www.scala-jena.de

Roter Hirsch ●●
Thüringer gutbürgerliche Küche im historischen Ambiente.
▮ Holzmarkt 10 | Tel. 0 36 41/44 32 21

Quergasse No. 1 ●●
Gemütliche Gaststätte und Kneipe in
niedlichem Häuschen. So geschl.
▮ Quergasse 1 | Tel. 0 36 41/44 74 11
▮ www.quere.de

Ratszeise ●●
Deftige regionale Küche in historischen
Räumen des Alten Rathauses.
▮ Am Markt 1 | Tel. 0 36 41/47 06 00
▮ www.ratszeise.de

Shopping

Werksverkaufsstelle Trendglas
Hier gibt es feuerfestes Glas und Nach-
bildungen von Goethes Barometer und
Schillers Tintenfass (Mo–Fr 10–18, Sa
10–13 Uhr).
▮ Westbahnhofstr. 8
▮ Tel. 0 36 41/53 44 54
▮ www.glas-jena.de

Goethe Galerie Einkaufcenter
Mit über 80 Geschäften ein lohnendes
Ziel für alle Schau- und Kauflustigen.
Oft umrahmen Veranstaltungen den Ein-
kaufsbummel (Mo–Sa 10–20 Uhr).
▮ Goethestr. 3 a
▮ www.goethegalerie-jena.de

Theater

Theaterhaus Jena
Das junge Ensemble wartet mit eigen-
willigen Inszenierungen auf.
▮ Schillergässchen 1
▮ Tel. 0 36 41/8 86 90
▮ www.theaterhaus-jena.de

Volkshaus
Spielort der Jenaer Philharmonie. Der
Jugendstilbau mit Thüringens größter
Konzertorgel wurde auf Initiative Ernst
Abbes für die Zeiss-Arbeiter errichtet.

Schloss Heidecksburg

- Carl-Zeiss-Platz 15
- Tel. 0 36 41/49 81 80
- www.jenaonline.de/volkshaus

Nightlife

Rosenkeller
Sehr beliebter Studentenclub.
- Johannisstr. 13 | Tel. 0 36 41/93 11 91
- www.rosenkeller.org

Gasthaus Zur Noll
Restaurant, in dem auch Ausstellungen
und Konzerte stattfinden.
- Oberlauengasse 19
- Tel. 0 36 41/59 77 10 | www.zur-noll.de

Flowerpower
Oldies, Rock und Livemusik. So. geschl.
- Markt 8 | Tel. 01 73/8 86 67 28
- www.flowerpower-jena.de

Kassablanca
Livemusik aller Stilrichtungen.
- Felsenkellerstr. 13 a
- Tel. 0 36 41/2 82 60
- www.kassablanca.de

Kahla 4

Kahla (7100 Einw.) ist bekannt für seine Porzellanfabrik (www.kahla porzellan.de) und die Weinbergterrassen. Dank der günstigen Klimabedingungen gehören sie zu einem der nördlichsten Weinanbaugebiete Europas. In der Pfarrkirche **St. Margareten** predigte 1524 Martin Luther den aufständischen Bauern, um sie von der Bilderstürmerei abzuhalten. Chor und Turm der Kirche sind wie der Chor des Erfurter Doms auf Kavaten – Gewölbetonnen – erbaut, um die Höhenunterschiede des Geländes auszugleichen. Das Bauwerk entstand im 15. Jh. und wurde 1791–1793 umgebaut.

Leuchtenburg

Östlich Kahlas überragt die malerische **Leuchtenburg** mit Museum und Burgschänke die Umgebung. Sie beherbergt ein Museum zur Burggeschichte und dem Mittelalter. Im Frühjahr 2014 eröffnete die große multimediale Ausstellung »Porzellanwelten« zur Thüringer Porzellangeschichte (Tel. 03 64 24/ 71 33 00, www.leuchtenburg.de, April–Okt. tgl. 9–18, Nov.–März 10–17 Uhr).

Hotel

Hotel zum Stadttor ●●
Das Hotel in der Altstadt ist Teil der mittelalterlichen Stadtbefestigung. Individuell eingerichtete Zimmer.
- Jenaische Str. 24
- Tel. 03 64 24/83 80
- www.hotel-stadttor.de

**Rudolstadt 5

Rudolstadt (22 800 Einw.) besticht durch die verwinkelten Gassen seiner **Altstadt.** Hier traf Friedrich Schiller 1788 zum ersten Mal den zehn Jahre älteren Goethe (Renaissancegebäude, heute Schillerstr. 25). Und hier lernte er auch seine spätere Ehefrau Charlotte von Lengefeld kennen. Goethe leitete von 1794 bis 1803 das **Thüringer Landestheater,** wo auch Franz Liszt, Niccolò Paganini und Richard Wagner auftraten. Heute finden hier Konzerte der Thüringer Symphoniker und Theateraufführungen statt (Anger 1, Tel. 0 36 72/42 27 66, www.theater-rudolstadt.de).

**Schloss Heidecksburg

Das Schloss, das majestätisch die Stadt überragt, ist eines der schönsten deutschen Barockschlösser. Vom Schlosspark bietet sich ein herrlicher Ausblick auf die Stadt! Im Innern hat das Thüringer Landesmuseum seinen Sitz. Besichtigt werden können die Fest- und Wohngemächer mit schönen Schnitzereien, die Gemälde- und Porzellangalerie, ein natur- und kulturgeschichtliches Museum sowie eine Schlösser-Miniaturenwelt. Man erreicht das Schloss von der Stadt aus über mehrere Treppenaufgänge, darunter die »Lange Treppe«. Der Weg führt an der Alten Wache vorbei und unter dem Südflügel hindurch mitten in den Schlosshof (Tel. 0 36 72/4 29 00, www.heidecksburg.de, April–Okt. Di–So 10–18, Nov.–März Di–So 10–17 Uhr).

Schloss Ludwigsburg

Am Rand der Altstadt erhebt sich das barocke Schloss Ludwigsburg von 1741. Es kann nicht besichtigt werden, der Landesrechnungshof hat heute hier seinen Sitz. Schräg gegenüber ragt die ursprünglich spätgotische Stadtkirche **St. Andreas** empor, die 1634–1636 im Spätrenaissancestil umgebaut wurde (Tel. 0 36 72/41 21 08, April–Okt. Mo–Fr 11–16 Uhr, Sa/So nach Vereinb.).

Museum Thüringer Bauernhäuser

Am Saaleufer liegt im Heinrich-Heine-Park das Museum Thüringer Bauernhäuser, eines der ältesten Freilichtmuseen Deutschlands mit Fachwerkbauten aus dem 17. Jh. (Tel. 0 36 72/42 24 65, April–Okt. tgl. 11–18 Uhr).

Info

Rudolstadt-Information
- Markt 5 | 07407 Rudolstadt
- Tel. 0 36 72/48 64 40 | Fax 48 64 44
- www.rudolstadt.de

Hotel

Hodes ●
Nette Pension im Grünen mit hübschen Zimmern und kleinem Biergarten.
- Mörla Nr. 1 | Tel. 0 36 72/41 01 01
- www.hotel-hodes.de

Veranstaltung

Jedes Jahr am ersten Juli-Wochenende pilgern mehr als 60 000 Musikfans zum TFF Rudolstadt, dem größten Folk- und Weltmusikfestival in Deutschland. Auf Bühnen in der Innenstadt und dem weitläufigen Heinepark treten dann rund 1000 Musiker aus 40 Ländern auf. Es gibt jedes Mal einen ausgewählten Länderschwerpunkt, ein »magisches Instrument« sowie einen »Tanz des Jahres«, den man in einem Tanzzelt bei Live-Musik erlernen kann. (www.tff-rudolstadt.de).

*Bad Blankenburg 6

Das von Mischwäldern und Felsen gesäumte Schwarzatal zählt zu den reizvollsten Gegenden im Thüringer Wald. Umgeben von bewaldeten Hängen, zeigt Bad Blankenburg (6800 Einw.) den verblichenen Charme eines alten Kurbads. Das Lavendelfest im August erinnert daran, dass der Lavendelbau im 19. Jh. eine wichtige Erwerbsquelle für das Städtchen darstellte. Wahrzeichen ist die **Burg Greifenstein**, als Stammburg der Grafen und Fürsten von Schwarzburg eine der größten deutschen Feudalburgen (Di–So 10 bis 17 Uhr). Erhalten sind noch Palais und Turm. Auf der Burg finden zahlreiche Veranstaltungen statt (Tel. 03 67 41/25 88, www.burg-greifenstein.de).

Erst-klassig

Eine beeindruckende Flugschau mit Greifvögeln bietet hier die **Falknerei** (Tel. 03 67 41/46 95 79, April bis Okt. Di–So 10–17 Uhr).

Im »Haus über dem Keller« unterhalb Burg Greifenstein richtete 1839 der Pädagoge und Pestalozzi-Schüler Friedrich Fröbel den ersten »Allgemeinen Deutschen Kindergarten« ein. Heute erinnert ein Museum an Fröbel (Johannisgasse 4, Tel. 0 36 72/25 65, Di–Sa 10–12, 13–17 Uhr).

Info

Informations- und Wanderzentrum
- Bahnhofstr. 23 (Stadthalle)
- 07422 Bad Blankenburg
- Tel. 03 67 41/26 67 | Fax 5 68 27 21
- www.bad-blankenburg.de

Hotels

Hotel Eberitzsch ●●
29 Zimmer und 3 Apartments in romantischer Villa; stilvolles Restaurant, gemütlicher Biergarten.
- Schwarzburgerstr. 19
- Tel. 03 67 41/23 53
- www.weinhaus-eberitzsch.de

Hotel zum Steinhof ●●
Ruhig gelegenes Haus mit komfortablen Zimmern, eigenes Restaurant.
- Wirbacher Str. 6 | Tel. 03 67 41/34 70
- www.hotel-zumsteinhof.de

*Saalfeld 7

Wegen seines mittelalterlichen Stadtbilds wird Saalfeld (25 200 Einw.) auch Steinerne Chronik Thüringens genannt. Ihre Blütezeit im Mittelalter verdankte die Stadt der Lage an einem Saaleübergang. Hier war der Schnittpunkt von Kupfer- und Böhmischer Straße, die Menschen lebten vom Kupfer- und Silberbergbau.

Große Teile der mittelalterlichen Stadtmauer und vier Stadttore sind erhalten. Die **Hofapotheke** am Marktplatz, die sich in einem romanischen Wohnturm befindet, wurde um 1180 erbaut und 1882 nach einem Brand wiederhergestellt. Sehenswert sind ferner das **Hiltmann'sche Haus** in der Blanken-

Saalfelds Stadtkirche

burger Straße und die **Burgruine Hoher Schwarm,** der einstige Wohnsitz der Vögte von Saalfeld am Westufer der Saale.

Das **Rathaus** mit dem imposanten Treppenturm wurde 1529 bis 1537 erbaut. Links vom Portal ist die Saalfelder Elle angebracht, die in Zweifelsfällen den Tuchmachern als Längenmaß diente.

Die **Stadtkirche St. Johannis** gilt als eine der schönsten gotischen Hallenkirchen in Thüringen (1390–1520). Das Bogenfeld über dem Westportal zeigt eine Darstellung des Jüngsten Gerichts (1390–1400). Das Innere des Gotteshauses birgt ein spätgotisches Heiliges Grab (14. Jh.), daneben findet sich ein Johannes der Täufer aus der Riemenschneider-Schule (Hans Gottwalt von Lohr, um 1514) sowie der Mittelschrein eines spätgotischen Flügelaltars (www.johanneskirchesaalfeld.de, Mai–Okt. 11–16 Uhr).

Das **Stadtmuseum** im früheren Franziskanerkloster zeigt Ausstellungen zur Geschichte von Stadt und Kloster sowie zu Volkskunst. In der Klosterkirche werden Konzerte veranstaltet (Münzplatz 5, Tel. 0 36 71/59 84 71, Di–So 10 bis 17 Uhr).

*Feengrotten

Am Ortseingang von Saalfeld im Ortsteil Garnsdorf liegen die Feengrotten, die Hauptattraktion der Stadt. Von 1540 bis 1846 wurde hier ein Alaunschieferbergwerk betrieben. Anfang des 20. Jhs. entdeckte man in den Stollen eine Tropfsteinhöhle von einzigartiger Farbenpracht. Den Höhepunkt des Rundgangs durch die Höhle bildet die Gralsburg mit dem Märchendom. In den letzten Jahren entstanden mit einem Mitmachmuseum zur Entstehungsgeschichte der Grotten und dem Grottoneum zum Thema Feen und Naturgeister zwei neue Erlebnisbereiche. (Feengrottenweg 2, Tel. 0 36 71/5 50 40, www.feengrotten.de, Mai–Okt. tgl. 9.30 bis 17, Nov.–April 10. 30–15.30 Uhr, Feengrotten im Jan. nur Sa, So).

Einzigartig in Thüringen ist die **Allwetterrodelbahn Dittrichshütte** auf der Saalfelder Höhe. Mit bis zu 42 km/h geht es 1000 m ins Tal hinunter. Im Umkreis der Rodelbahn wurden weitere Spiel- und Sportplätze angelegt (Tel. 03 67 41/ 5 70 02 58, www.dittrichshuette.de/ rodelbahn-thueringen, Mai–Okt Mo–Fr 12–18, Sa/So 10–18, April Sa/So 12–18 Uhr

Info

Saalfeld-Information
- Markt 6 | 07318 Saalfeld
- Tel. 0 36 71/3 39 50 | Fax 52 21 83
- www.saalfeld.de

 ### Die spannendsten Höhlen und Schaubergwerke

- **Erlebnisbergwerk Sondershausen**: 3 Stunden dauert die Grubenfahrt in 700 m Tiefe › S. 52.
- **Barbarossahöhle**: Der Ruhesitz Kaiser Friedrich Barbarossas besitzt riesige Säle, niedrige Gänge und kristallklare Seen › S. 53.
- **Marienglashöhle Friedrichroda**: Sie ist eine der schönsten Gipskristallgrotten in Europa. Die Kristalle können bis zu 90 cm lang werden › S. 93.
- **Schieferpark Lehesten**: Bei einer einstündigen Führung erfährt man, wie Schiefer in früheren Zeiten abgebaut wurde › S. 107.
- **Saalfelder Feengrotten**: Die Grotten sind Schaubergwerk und Tropfsteinhöhle in einem – und bannen die Besucher mit ihren fantastischen Farben und Formen › S. 131.

Hotel

Am Hohen Schwarm ●●
Hotel mit einfachen Zimmern naheder Burgruine. Das Restaurant bietet Thüringer Spezialitätenküche.
- Schwarmgasse 18 | Tel. 0 36 71/28 84
- www.schwarmhotel.de

Restaurant

Waldhotel Mellestollen ●●
Am Stadtrand im Wald gelegen, mit Biergarten und Abenteuerspielplatz. Thüringer Küche.
- Wittmannsgereutherstr. 31
- Tel. 0 36 71/82 00
- www.mellestollen.de

Shopping

Keramik im Tor
Traditionell gefertigte Töpferarbeiten aus eigener Werkstatt.
- Schulplatz 5 | Am Blankenburger Tor
- Tel. 0 36 71/51 03 05
- www.keramik-im-tor.de

Handwerkerhof
Im Handwerkerhof des Feengrottenparks kann man vor dem Kauf Glasbläsern, Töpfern und Spielzeugherstellern bei ihrer Arbeit zusehen.
- Feengrottenweg 5 | 0 36 71/5 50 40

Talsperre Hohenwarte 8

Die Hohenwarte-Talsperre ist mit einer Fläche von 7,3 km² der zweitgrößte Stausee Thüringens. Er wurde zwischen 1936 und 1942 angelegt. Zwei Pumpspeicherwerke versorgen die Umgebung mit Strom. Die Staumauer, 412 m lang und 75 m hoch, hält dem Druck von über 180 Mio. m³ Wasser stand (www.stausee-hohenwarte.com).

Von der Staumauer aus starten in unregelmäßigen Abständen Ausflugsdampfer zu **Seerundfahrten** (www.fahrgastschiffahrt-hohen warte.de). Die Talsperre hat sich zu einem Dorado der Wassersportler entwickelt. Auf sieben Campingplätzen, die meisten mit Bungalows, kann man sein Nachtquartier aufschlagen.

Turm von Schloss Burgk

****Schloss Burgk**

Das malerische Jagdschloss der Fürsten Reuß hoch über der Saale erlaubt einen Ausblick über das bewaldete Flusstal. Von der mittelalterlichen Wehranlage sind beachtliche Reste erhalten. Im 17. Jh. wurde sie zum Jagdschloss umgebaut. Die restaurierte Rokoko- und Barock-Ausstattung ist in den früheren Wohnräumen zu besichtigen. Auf der Silbermannorgel von 1743 in der Schlosskapelle finden im Sommer Konzerte statt (Tel. 0 36 63/ 40 01 19, www.schloss-burgk.de, April–Okt. Di–So 11–16 Uhr).

Schleiz

Eingebettet in die bizarre Landschaft des Thüringischen Schiefergebirges liegt Schleiz (8500 Einw.). Der Philologe Konrad Duden war hier 1869–1876 Direktor des Gymnasiums, und Johann Friedrich Böttger, einer der Entdecker des Porzellans, wurde 1682 hier geboren. Bombenangriffe haben der Stadt arg zugesetzt. Verschont blieb die ***Bergkirche** auf dem 505 m hohen, vor der Stadt gelegenen Liebfrauenberg mit prächtiger Barockausstattung und einem parkähnlichen Bergfriedhof (Tel. 0 36 63/ 42 26 66, www.bergkirche-schleiz. de, Mai bis Okt. Di–So 14.30 bis 16.30 Uhr).

Das **Schleizer Dreieck**, die älteste Naturrennstrecke Deutschlands, bietet neben dem berühmten Motorradrennen immer im Monat August auch Oldtimer-Classics (Tel. 0 36 63/40 34 00, www.schleizer-dreieck.de).

Hotel

Luginsland ●●
Liebevoll restaurierte Villa vor den Toren der Stadt; Thüringer Küche.
▮ Heinrichsruh 8 | Schleiz-Heinrichsruh
▮ Tel. 0 36 63/4 80 50 | Fax 48 05 40
▮ www.hotel-luginsland.de

Auf der Bleilochtalsperre

Plothener Teiche

Einige km nördlich von Schleiz stößt man auf die Plothener Teiche, zu großen Teilen ein Landschafts- und Naturschutzgebiet. Hunderte von Teichen bieten einen idealen Lebensraum für viele Pflanzen und Tiere. Vogelkundler freuen sich vor allem über Haubentaucher, Kiebitz, Blesshuhn, Bekassine, Fischadler und Milan.

Hotel

**Gasthaus Pension
Zum Plothenteich** ●
Einfache komfortable Zimmer, gutes Restaurant mit Fischspezialitäten.
▪ Ortsstr. 50 | 07907 Plothen
▪ Tel. 03 66 48/2 22 43
▪ www.zum-plothenteich.de

Saalburg-Ebersdorf 🄫

An der 28 km langen **Bleilochtal-sperre**, dem größten Stausee Deutschlands, liegt Saalburg-Ebers-dorf (3600 Einw.). Noch immer ist

die unterbrochene alte Straße zu sehen. Sie führt ins angestaute Nass, dem rund 120 Häuser weichen mussten (1926–1932). Mit Teilen der Stadtbefestigung und der Stadt-kirche (12. Jh.) blieben im Ortsteil Saalburg einige historische Bauten erhalten.

Reizvoll sind Rundfahrten auf dem Stausee (Tel. 03 66 47/2 22 50, www.saalburg.de, April–Okt. tgl. mehrmals). Kinder wird die Som-merrodelbahn am Kulmberg be-geistern (Tel. 03 66 47/29 91 50, April–Okt. tgl. 10–17 Uhr). Sehr schön ist auch der Märchenwald Saalburg mit Szenen aus den Brü-dern Grimm mit großem Hexen-haus, Riesenrutsche, Kletterburg, Seilbahn, Streichelzoo und Restau-rant (Dornbachgrund 1, Tel. 03 66 47/2 22 18, www.maerchen-wald-saalburg.de, Mitte März bis Okt. tgl. 9–18 Uhr).

Info

Tourist-Information
▪ Markt 1 | 07929 Saalburg-Ebersdorf
▪ Tel. 03 66 47/2 90 80 | Fax 2 90 88
▪ www.saalburg-ebersdorf.de

Hotel

Hotel Seeblick ●●
Vom Hotel blickt man direkt auf die Bleilochtalsperre.
▪ Dr.-Karl-Rauch-Str. 21
▪ Tel. 03 66 47/2 99 98
▪ www.saalburg-hotel-seeblick.de

Bad Lobenstein 🄬

Sehenswert sind das Schloss (1718), die klassizistische Alte Wache und der barocke Pavillon (1746–1748) im Kurpark. Das **Regionalmuseum** verfügt über einen Aussichtsturm, im Hof lockt ein Kräutergarten zum Verweilen (Schlossberg 20, Tel. 03 66 51/24 92, April–Sept. Di, Do 10–16, Sa, So 14–17.30, Okt.–März Di 10–13, Do, So 13–16 Uhr).

Entspannung verheißt die **Ardesia Therme** mit Thermalbecken, Sauna und Wellnessbereich (Parkstr. 8, Tel. 03 66 51/3 93 92 00, www.ardesia-therme.de).

Info

Stadtinformation
▪ Graben 18 | 07356 Bad Lobenstein
▪ Tel./Fax 03 66 51/25 43
▪ www.bad-lobenstein.de

Mödlareuth 13

Die Erinnerung an die jüngste deutsche Vergangenheit wird in Mödlareuth an der bayerischen Grenze wach gehalten. Klein-Berlin nannte man den Ort, der 1966 durch eine Mauer geteilt wurde. Die einstigen Grenzanlagen bilden heute das **Deutsch-Deutsche Museum** (Tel. 0 92 95/13 34, www.moedlareuth. de, März–Okt. Di– So 9–18, sonst 9–17 Uhr).

Neustadt an der Orla 14

Neustadt lohnt vor allem wegen des spätgotischen ***Rathauses** (1465–1520) einen Besuch, eines der schönsten Amtsgebäude Thüringens. Es besitzt einen Erker mit Giebel und eine überdachte Freitreppe an der Marktseite. Auch das barocke

Schloss (17. Jh.) ist sehenswert. Die Stadtkirche **St. Johannis** (1470–1538) birgt einen spätgotischen Flügelaltar aus der Cranach-Werkstatt. Im Mittelteil sind drei Holzplastiken zu sehen: im Zentrum Johannes der Täufer, der Schutzpatron der Kirche, vor Simon Kananäus und Judas Thaddäus, den Schutzheiligen der Region.

Gera 15

Am reizvollen Mittellauf der Weißen Elster liegt Gera, die zweitgrößte Stadt Thüringens (ca. 95 400 Einw.), bis 1918 die Residenz des Fürstentums Reuß. Über mehrere Jahrhunderte bestimmten hier Tuchmacher, Bierbrauer und Gerber das Wirtschaftsleben.

Mit seinen Bürgerhäusern aus dem 18. Jh. und dem Simsonbrunnen (Kopie des Originals von 1686) gehört der **Marktplatz** zu den schönsten des Landes. In der Vorweihnachtszeit bildet er die Kulisse für einen Märchenmarkt. Das ***Rathaus** (1573–1576) ziert an der Ostseite ein prachtvolles Portal mit dem reußischen Wappen. Der Treppenturm (57 m) mit barockem Mansardendach setzt einen markanten baulichen Akzent. Steigt man die 160 Stufen hinauf, bietet sich eine schöne Aussicht auf den Ort.

Die ***Stadtapotheke** am Markt schmückt ein reich verzierter Runderker von 1606. Die ***Salvatorkirche** (1717–1720) am nahen Nikolaiberg ist ein dreischiffiger Barockbau, das Innere wurde 1903 im Jugendstil

135

Marktplatz und Rathaus in Gera

gestaltet. Im Schreiberschen Haus daneben ist der reich stuckierte barocke Festsaal sehenswert. Das Haus beherbergt ein **Museum für Naturkunde**, das einen guten Überblick über die Geologie sowie die Tiere und Pflanzen Ostthüringens gibt (Nicolaiberg 3, Tel. 03 65/5 20 03, Di–So 11 bis 18 Uhr). Zum Museum gehört der **Botanische Garten** (Mai–Sept. Mo–Fr 8–17, Sa, So 10–16.30 Uhr).

Im Ferberschen Haus ist das **Museum für Angewandte Kunst** untergebracht, mit Exponaten zum Kunsthandwerk des 20. Jhs. und zur Gegenwartsfotografie (Greizer Str. 37, Tel. 03 65/8 38 14 30, Di–So 11–18 Uhr).

Über Johannis- und Schlossstraße gelangt man zum prachtvollen *Jugendstiltheater von 1902, das ein breites Spektrum von Oper, Schauspiel, Konzert und Musical bis zum Puppentheater bietet (Tel. 03 65/8 27 90, www.tpthueringen. de).

Westlich davon erstreckt sich in der Elsteraue der Küchengarten mit der Orangerie. Sie beherbergt die *Kunstsammlung mit Malerei und Plastik vom 16. Jh. bis in die Moderne (Orangerieplatz 1, Tel. 03 65/8 38 42 50, www.kunstsammlung-gera.de, Di–So 11–18 Uhr).

In Dix' Geburtshaus jenseits der Weißen Elster, heute das *Otto-Dix-Haus, ist eine der größten Sammlungen von Werken dieses Malers der Neuen Sachlichkeit in öffentlicher Hand (1891–1969) zu sehen (Mohrenplatz 4, Tel. 03 65/8 32 49 27, Di–So 11–18 Uhr).

Unweit davon an der Auffahrt zum Schloss Osterstein steht die spätgotische **Marienkirche**.

Das Thema Bauhaus prägt das **Haus Schulenburg**. Der belgische Architekt Henry van de Velde konzipierte diese Villa 1913/14 als Wohnhaus für die Familie des Industriellen Paul Schulenburg. Das rekonstruierte Gebäude beherbergt ein Privatmuseum mit einer Sammlung von Buchgestaltungen van de Veldes sowie den originalen Möbeln und Architekturentwürfen (Straße des Friedens 120, Tel. 03 65 82 64 10, www.haus-schulenburg-gera.de, Mo–Fr 10–16, So 14 bis 16 Uhr).

Eine Attraktion der Altstadt ist zunächst unsichtbar: die **Höhler**. Der Altstadtkern rund um den Markt wird tief unter den Häusern von einem zusammenhängenden Keller- und Gangsystem durchzogen, das im 17. und 18. Jh. in den Fels geschlagen wurde. Es handelt sich dabei um Wirtschaftskeller, in denen früher das Bier gelagert wurde (Steinweg/Geithes Passage, Tel. 03 65/55 24 99 54, Führungen Di bis Fr 11, 13, 15, Sa/So auch 17 Uhr).

Info

Tourist Information Gera
❚ Heinrichstr. 35 | 07545 Gera
❚ Tel. 03 65/8 30 44 80 | Fax 8 30 44 81
❚ www.gera-tourismus.de

Hotels

Novotel Gera ●●
Vier-Sterne-Hotel, zentrumsnah im historischen Villenviertel. Restaurant mit thüringischer Küche.
❚ Berliner Str. 38
❚ Tel. 03 65/4 34 40
❚ www.novotel.com

Hotel Zwergschlösschen ●●
Altes Fachwerkhaus in herrlicher Stadtrandlage; 23 modern ausgestattete Zimmer, Restaurant.
❚ Untermhäuser Str. 67/69
❚ Tel. 03 65/2 25 03
❚ www.hotel4you.de

Gasthof Pension Frankenthal ●
Familienbetrieb mit Hausmannskost, 8 km vom Stadtzentrum entfernt.
❚ Frankenthaler Str. 74
❚ Tel. 03 65/82 66 60
❚ www.gasthof-frankenthal.de

Restaurants

Royal ●●
Thüringische und französische Spezialitäten vom Feinsten, riesiger Weinkeller. So nach Vereinbarung.
❚ Sorge Nr. 19
❚ Tel. 03 65/5 13 74
❚ www.royal-gera.de

Zum Fliegenschnapper ●
Rustikal und familiär, Thüringer Hausmannskost. Mo geschl.
❚ Dorfstr. 3 | Gera-Zschippern
❚ Tel. 03 65/7 10 81 75

Shopping

Traditionelle Einkaufsmeile ist der Fußgängerboulevard Sorge.

Gera Arcaden
Einkaufscenter mit 90 Geschäften.
❚ Heinrichstr. 30 | Tel. 03 65/77 31 30
❚ www.gera-arcaden.de

Elster Forum
Einkaufscenter mit Galeria Kaufhof.
❚ Museumspl. 2 | Tel. 03 65/5 51 47 35
❚ www.elsterforum.com

Wochenmarkt vor dem Rathaus (Di, Do, Fr 7–15, Sa 7–13 Uhr).

Nightlife

Kabarett Fettnäppchen
Aufgespießtes Zeitgeschehen im mittelalterlich anmutenden Gewölbekeller.
❚ Markt/Jüdeng. | Tel. 03 65/2 31 31
❚ www.kabarett-fettnaeppchen.de

Der Hugo
Bekannter Kultur-Szenetreff mit Livemusik (Di–Sa ab 18 Uhr).
❚ Hinter der Mauer 8
❚ Tel. 03 65/8 35 43 12
❚ www.derhugo.de

Sächsischer Bahnhof
Der Klub in einem historischen Bahnhofsgebäude veranstaltet Konzerte, Ausstellungen und Lesungen.
❚ Erfurtstr. 19
❚ www.saechsischer-bahnhof.de

Altenburg 16

Skatspielern ist die Stadt Altenburg (33 300 Einw.) ein Begriff: Hier wurde das beliebte deutsche Kartenspiel aus der Taufe gehoben, wie der Skatbrunnen auf dem Brühl belegt › S. 138. Altenburg hat aber nicht nur Skatbrüdern etwas zu bieten; es blickt auf eine mehr als 1000-jährige Geschichte zurück.

Die Altstadt bildet mit fünf Märkten, dem engen Nikolaiviertel und den Bürgerhäusern aus Renaissance und Barock ein reizvolles Ensemble. Stadtwahrzeichen sind der Turm des ***Rathauses** (1562–1564) und die beiden »Roten Spitzen« der Augustinerstiftskirche (1172).

Das ***Schloss** außerhalb des Stadtkerns beeindruckt als Architekturensemble aus neun Jahrhunderten und wird für Konzerte und Theater genutzt. Auf der Trost-Orgel in der spätgotischen Schlosskirche spielte Johann Sebastian Bach (Di–So 9.30–17 Uhr Kirche bis Ende 2015 geschl., www.residenzschloss-altenburg.de).

Das **Schloss- und Spielkartenmuseum** zeigt Spielkarten aus fünf Jahrhunderten, altes Skatgeld sowie uralte Kartenpressen und informiert über Altenburgs Rolle als Wettinerresidenz (Tel. 03 65/ 51 27 12, Di–So 9.30–17 Uhr).

Durch den Schlosspark erreicht man das **Mauritianum**, ein Naturkundemuseum, u. a. mit einer Vogelsammlung aus dem 19. Jh. (Parkstr. 1, Tel. 0 34 47/25 89, www. mauritianum.de, Di–Fr 13–17, Sa, So 10–17 Uhr).

Lindenau-Museum 12

Das Lindenau-Museum beherbergt eine eindrucksvolle Sammlung italienischer Tafelmalerei des 13. bis 16. Jhs., griechische und etruskische Tongefäße sowie moderne deutsche Kunst. Mit schönem Museumscafé (Gabelentzstr. 5, Tel. 0 34 47/8 95 53, www.lindenau-museum.de, Di–Fr 12–18, Sa, So 10–18 Uhr).

Info

Altenburger TourismusInformation
- Markt 17 | 04600 Altenburg
- Tel. 0 34 47/5 1 28 00 | Fax 51 99 94
- www.altenburg-tourismus.de

Hotels

Parkhotel am Großen Teich ●●
Elegantes Vier-Sterne-Hotel in einer ehemaligen Hutmanufaktur der Gründerzeit.
- August-Bebel-Str. 16/17
- Tel. 0 34 47/5 15 40 | Fax 5 15 44 44
- www.parkhotelaltenburg.de

Hotel am Rossplan ●●
Historisches Haus im Herzen der Stadt mit stilvoll möblierten Zimmern.
- Rossplan 8 | Tel. 0 34 47/5 66 10
- www.hotel-rossplan.com

Hotel-Pension Treppengasse ●
Kleines Quartier in Schlossnähe mit 11 Nichtraucherzimmern.
- Treppeng. 5 | Tel. 0 34 47/31 35 49
- www.treppengasse5.de

Restaurants

Uferburg ●●
Sechs Ritteressen im Angebot. Übernachten kann man in Kemenaten.

- Johann-Sebastian-Bach-Str. 11
- Tel. 0 34 47/31 35 32
- www.uferburg.de

Ratskeller ●●

Thüringer Küche in historischem Ambiente, Spargel, Pilze und Wild.

- Markt 1 | Tel. 0 34 47/31 12 26
- www.ratskeller-altenburg.de

Shopping

Spielkartenladen

Riesiges Spielkartensortiment.

- Markt 17 | Tel. 0 34 47/5 12 80 23
- www.spielkartenladen.de

Greiz 🔢

Greiz (ca. 21 600 Einw.) im Tal der Weißen Elster wurde über Jahrhunderte von der Herrschaft Reuß in ihrer älteren Linie geprägt. Mitten im Stadtzentrum thront weithin sichtbar ihr Wahrzeichen, das **Obere Schloss**. Der auf einem Felsen errichtete imposante, 24 m hohe Hauptturm (1625) prägt die gesamte Anlage. Das **Untere Schloss** wurde nach einem Stadtbrand 1802 wieder aufgebaut. Zusammen mit der Stadtkirche, der Hauptwache, dem Gymnasium und dem Röhrenbrunnen bildet es das klassizistische Gebäudeensemble der Stadt. Lohnend ist hier ein Besuch des **Museums** im Oberen Schloss Greiz mit der Dauerausstellung »Vom Land der Vögte zum Fürstentum Reuß älterer Linie« sowie der Textilschauwerkstatt (Burgplatz 12, Di–So 10–17 Uhr).

Der 60 ha große ***Landschaftspark** am rechten Elsterufer wurde im 19. Jh. nach englischem Vorbild

In der Beletage des Greizer Sommerpalais

gestaltet; das frühklassizistische **Sommerpalais** (1769–1779) beherbergt die Staatliche Bücher- und Kupferstichsammlung. Sehenswert ist dort auch das **Satiricum**, eine Karikaturensammlung mit über 10 000 Exponaten (Tel. 0 36 61/7 05 80, www.sommerpalais-greiz.de, April–Sept. Di–So 10–17, Okt.–März 10–16 Uhr).

Info

Tourist-Information

- Burgplatz 12 | Unteres Schloss
- 07973 Greiz | Tel. 0 36 61/68 98 15
- Fax 0 36 61/70 32 91 | www.greiz.de

Hotels

Schlossberghotel Greiz ●●

Modernes Haus mit Blick auf das Obere Schloss.

- Marienstr. 1–5 | Tel. 0 36 61/62 21 23
- www.schlossberghotel-greiz.de

Pension Töpferhof ●

Ruhig gelegene Pension in einer historischen Fachwerkscheune.

- Buckestr. 2 | Tel./Fax 0 36 61/66 00

Infos von A–Z

Alleenstraße

Zum geruhsamen Fahren im grünen Land animiert der Thüringer Abschnitt der Deutschen Alleenstraße, die von der Insel Rügen bis zum Bodensee verläuft. Vom Eichsfelder Heilbad Heiligenstadt geht er über gut 300 km bis nach Ziegenrück an der Oberen Saale, wo er sich gabelt und östlich über Schleiz und südlich über Lobenstein ins vogtländische Plauen verläuft. Ein Faltblatt zur Alleenstraße ist bei den regionalen Tourismusverbänden sowie beim ADAC erhältlich; aus dem Netz kann man sich unter www.alleenstrasse.com die Karten herunterladen und ausdrucken.

Auskunft

- **Thüringer Tourismus GmbH,** Willy-Brandt-Platz 1, 99084 Erfurt, Tel. 03 61/3 74 20, www.thueringen-tourismus.de Mo–Fr 9–19, Sa, So 10–16 Uhr
- **Tourismusverband der Welterberegion Wartburg Hainich,** Am Schloß 2, 99947 Weberstedt, Tel. 03 60 22/98 08 36, www.hainichland-tourismus.de
- **Thüringer Vogtland Tourismus,** Goetheallee 17, 07937 Zeulenroda-Triebes, Tel. 03 66 28/8 24 41, www.thueringen-vogtland.de
- **Kyffhäuser Tourismusverband,** Anger 14 | 06577 Bad Frankenhausen Tel. 03 46 71/7 17 16 www.kyffhaeuser-tourismus.de
- **Südharzer Tourismusverband,** Bahnhofspl. 3a, 99734 Nordhausen, Tel. 0 36 31/90 21 54, www.nordhausen-tourist.de
- **Regionalverbund Thüringer Wald,** Krankenhausstr. 12, 98693 Ilmenau, Tel. 0 36 77/6 89 96 20, www.thueringer-wald.com

- **Städtetourismus in Thüringen,** UNESCO-Platz 1, 99423 Weimar, Tel. 0 36 43/74 53 14, www.thueringer-staedte.de

Barrierefreies Reisen

Für behinderte Menschen gibt es spezielle Reiseangebote. Den Katalog »Thüringen barrierefrei«, der zahlreiche Handicap-Reisetipps bereithält, und das ihn ergänzende Verzeichnis »Barrierefreie Unterkünfte« kann man kostenlos bei der Thüringer Tourismus GmbH bestellen. Ausführliche Auskünfte und Kinks zu barrierefreiem Reisen gibt es auch online auf der Thüringen-Tourismus-Website www.thueringen-tourismus.de

Buchungen per Mausklick

Viele Thüringer Beherbergungsstätten können auch online gebucht werden: www.thueringen-tourismus.de.

Goldwäsche

Immer mehr Thüringer Orte werben mit Angeboten zum Goldwaschen. Mit historischen Gerätschaften wie Holzrinne oder Waschpfanne kann man an einigen Bächen sein Glück versuchen. Bei der Thüringer Tourismus GmbH sind auch Mehrtages- und Wochenendarrangements buchbar.

Heilbäder

40 % aller Kurorte in den neuen Bundesländern liegen in Thüringen: Insgesamt 19 Kurorte zählt das Bundesland. Fast alle Leiden können in diesen Bädern geheilt oder gelindert werden. Der Thüringer Heilbäderverband hat die Broschüre »Hinein ins Wohlbefinden« veröffentlicht (Böhmenstr. 4, 99947 Bad Langensalza, Tel. 0 36 03/89 33 47).

Kinder

Die Thüringer Tourismus GmbH hält auf ihrer Webseite unter der Rubrik »Reisethemen«/»Kinder & Familie« vielfältige Tipps für den Urlaub mit Kindern bereit. Darunter sind Ausflugstipps, Winteraktivitäten, familiengeeignete Unterkünfte und Pauschalangebote.

Porzellanstraße

Zwischen Arnstadt und Gräfenthal, Eisfeld und Reichenbach berührt die Tourismusroute Thüringer Porzellanstraße 45 Orte und bietet Gelegenheit zum Erwerb dieses typischen Thüringen-Souvenirs.

▪ **Förderverein Thüringer Porzellanstraße,** Schwarzburger Chaussee 12, 07407 Rudolstadt, Tel. 0 36 71/82 34 55, www.thueringer porzellanstrasse.de

Shopping

▪ Lauscha › S. 106 ist der Geburtsort der Christbaumkugel. Bei **Krebs Glas** kann man bei einer Werksführung Kugeln individuell bemalen lassen (Tel. 03 67 02/28 80, www.krebs lauscha.de).

▪ Schleckermäuler halten in der Viba-Erlebniswelt in Schmalkalden, wo man in der gläsernen Confiserie beim Herstellen von Pralinen zusehen und das Handwerk selbst erlernen kann (Tel. 0 36 83/6 92 16 00, www.viba-sweets.de).

▪ Noch jahrelang beim Kochen gute Erinnerungen an Thüringen hat man mit **Jenaer Glas,** Werksverkauf › S. 127.

▪ **Thüringer Senf** ist unübertroffen, am besten schmeckt er aus kleinen Senfmühlen wie Kleinhettstedt › S. 14.

▪ In der **Nordhäuser Traditions-brauerei** › S. 51 kann man beim

Brennen des bekannten Korns zusehen und ihn auch kaufen.

Thüringen-Ticket

Für die Reise in die Urlaubsregionen Thüringens sollte man die günstigen Ferientickets der Deutschen Bahn AG (DB) prüfen. Derzeit erhältlich ist das Thüringen-Ticket, je nach Personenzahl ab 22 € plus 4 € pro Mitfahrer (Info in allen DB-Reisezentren).

Touristische Straßen

Neben der Deutschen Alleen- und der Porzellanstraße sowie der Spielzeugstraße von Nürnberg bis Waltershausen sind das in alphabetischer Reihenfolge: die Bier- und Burgenstraße, die Fachwerkstraße, die Klassiker-, die Märchen-, die Reußische Fürsten- und schließlich die Schieferstraße (Thüringer Tourismus GmbH).

Wochenendtipps

Die Freitagausgabe der Tageszeitung **Thüringer Allgemeine** bringt bringt in ihrer Printausgabe, im Internet und über eine Smartphone-App regelmäßig aktuelle Tipps zum Wochenende, vom Heimatfest über Hobbybörsen bis zur Ausstellungseröffnung (www.thüringer-allgemeine.de).

Urlaubskasse	
Tasse Kaffee	1,80 €
Softdrink (Cola, Mineralwasser)	2 €
Glas Bier 0,3 l	2,20 €
Rostbratwurst	1,80 €
Braten mit Thüringer Klößen	12 €
Eis am Stil	1 €
Taxifahrt (10 km)	15 €
Mietwagen pro Tag	60 €

Register

Altenburg **138**
Apolda 122
Arnstadt **82**
Avenida-Therme,
  Hohenfelden 19

Bad Berka 83
Bad Blankenburg 12, 94,
  130
Bad Frankenhausen 52, 111
  ▪ Panoramamuseum 53
Bad Langensalza **49**, 111
Bad Lobenstein 118, **134**
Bad Salzungen **111**
Bad Sulza 14, 111
Barbarossahöhle **53**, 132
Bärenpark Worbis 18
Baumkronenpfad
  Hainich **50**
Biosphärenreservat
  Rhön 48, **112**
Biosphärenreservat
  Vessertal 48
Bleilochtalsperre 134
Bornhagen/Eichsfeld 38
Bratwurstmuseum **83**
Breitungen 112
Burg Greifenstein 95, 130
Burgruine Brandenburg 95

Creuzburg 110

Dornburger Schlösser 123
Drachenschlucht 48
Drei Gleichen 83

Eichsfeld 48
Eisenach **88**
  ▪ Alte Residenz 90
  ▪ Automobilmuseum 92
  ▪ Bachhaus 90
  ▪ Burschenschafts-
    denkmal 92
  ▪ Georgenkirche 89
  ▪ Karlsplatz 88
  ▪ Lutherhaus 90
  ▪ Predigerkirche 90
  ▪ Rathaus 88

  ▪ Reuter-Villa 91
  ▪ Stadtschloss 89
  ▪ Südstadt 91
  ▪ Wartburg 91
Erfurt 38, **71**
  ▪ Am Anger 71
  ▪ Angermuseum 71
  ▪ Augustinerkloster 74
  ▪ Barfüßerkirche 72
  ▪ Bartholomäusturm 71
  ▪ Haus Dachenröder 72
  ▪ Dom 72
  ▪ Domplatz 72
  ▪ Egapark 76
  ▪ Fischmarkt 74
  ▪ Kaisersaal 75
  ▪ Krämerbrücke 75
  ▪ Kurmainzische
    Statthalterei 72
  ▪ Michaeliskirche 74
  ▪ Museum für Volks-
    kunde 75
  ▪ Naturkundemuseum 74
  ▪ St.-Severi-Kirche 74
Erlebnisbad Tabbs 19
Erlebnisbergwerk
  Merkers 111
Erlebnisbergwerk
  Sondershausen 132
Erlebnispark Meeres-
  aquarium,
  Zella-Mehlis 100

Feengrotten **131**
Fernradweg Euregio
  Egrensis 122
Festkalender 36
Floßfahrten 23
Friedrichroda 82, **93**

Gera **135**
Gipfelwanderweg 107
Goethewanderweg 102,
  107
Goldpfad 107
Gotha **78**
Gräfenrode, Gartenzwerg-
  museum 19

Greiz **139**
Grenzlandmuseum
  Eichsfeld 47
Großbreitenbach 105
Großer Beerberg 87

Hainich 49
Heichelheim 14
Heilbad Heiligenstadt **46**
Heiligenstadt 46
Hildburghausen **114**
Hofwiesenbad, Gera 19
Hohenfelden **84**, 111
Hohe Sonne 23
Holzhausen 14

Ilmenau **102**
Ilmtal-Radwanderweg 70

Jena 38, **123**
  ▪ Anatomieturm 125
  ▪ Cospeda 126
  ▪ Ernst-Abbe-Denkmal 126
  ▪ Ernst-Haeckel-Haus 126
  ▪ Friedenskirche 125
  ▪ JenTower 125
  ▪ Optisches Museum 126
  ▪ Rathaus **124**
  ▪ Romantikerhaus **123**
  ▪ Schillers Gartenhaus 126
  ▪ Stadtkirche
    St. Michael 124
  ▪ Stadtmuseum 124
  ▪ Zeiss-Planetarium 124

Kahla **128**
Kleinhettstedt 14
Kloßmuseum Heichel-
  heim 14
Klosterruine Paulinzella **84**
Kloster Veßra 114
Konzentrationslager
  Buchenwald 65
Kyffhäuser **53**, 94
KZ-Gedenkstätte Mittelbau
  Dora 51

Lauscha 22, **106**

Lehesten **106,** 132
Leinefelde-Worbis **47**
Leuchtenburg 128
Liszt-Haus 64

Märchendorf Weißen-
  see 19
Märchenhöhle Walldorf 19
Märchenpark, Heiligen-
  stadt 19
Märchenwald Teichtal 19
Marienglashöhle
  Friedrichroda 132
Martin-Luther-Weg 107
Meiningen 38, 95, **113**
Mihla 25
Mödlareuth **135**
Mühlhausen **47**
Museum Thüringer
  Bauernhäuser 129

Nationalpark Hainich 48,
  49
Neuhaus am Rennweg 105
Neustadt an der Orla **135**
Niederburg, Adler- und
  Falknerhof 18
Nordhausen **50**

Oberhof 18, **99**
Oberweißbach **104**
Osterburg in Weida 95

Paulinzella 84
Plothener Teiche **134**

Rafting 23
Rennsteig 22, **107**
Rennsteiggarten 99
Rhön 48, 112
Rohr 12
Römhild 114
Rudolstadt **129**

Saalburg-Ebersdorf **134**
Saalfeld **130**

Saalfelder Feengrotten **131,**
  132
Sängerwiese 23
Schaubergwerk
  Morassina 105
Schieferpark Lehesten 132
Schlauchbootfahrten 23
Schleiz **133**
Schleusingen **114**
Schloss Beichlingen 25
Schloss Burgk **133**
Schloss Elisabethenburg 113
Schloss Friedenstein 78
Schloss Heidecksburg 129
Schloss Ludwigsburg 129
Schloss und Park
  Molsdorf 78
Schloss Wilhelmsburg 94
Schmalkalden **96**
Schmiedefeld **105**
Schwarzatal **103**
Schwarzatalbahn 17
Schwimmbad 3 Eichen,
  Bad Salzungen 19
Senfmühle Kleinhettstedt 14
Siegmundsburg 24
Silbersattel 24
Sondershausen **51,** 94
Sonneberg **116**
Stadtilm **84**
Steinach 24
Stift Reinhardsbrunn 86
Suhl **101**
Sulza, Bad 14

Talsperre Hohenwarte 132
Thüringens Herz 67
Thüringentherme,
  Mühlhausen 19
Thüringerwaldbahn 82
Transromanica 12
Trusetal 98

Unstrutquelle 45
Unstrutradweg 45

Verwaltung 28
Vessertal 48
Veßra **114**
Vogelpark Tirica 18

Walldorf, Märchen-
  höhle 112
Wartburg **91,** 94
Wasserschloss Groß-
  kochberg 119
Wasungen 112
Weimar **54**
▪ Bauhausmuseum 60
▪ Bauhaus-Universität 61
▪ Bertuchhaus 61
▪ Cranachhaus 59
▪ Deutsches National-
  theater 60
▪ Goethe-Haus 59
▪ Goethes Gartenhaus 63
▪ Goethe- und Schiller-
  Archiv 61
▪ Haus am Horn 63
▪ Haus der Frau von Stein 63
▪ Historischer Friedhof 64
▪ Jakobskirche 64
▪ Kirms-Krackow-Haus 61
▪ Konzentrationslager
  Buchenwald 65
▪ Park an der Ilm 62
▪ Parkhöhle 63
▪ Rathaus 59
▪ Schillers Wohnhaus 59
▪ Schloss Belvedere 65
▪ Schloss Tiefurt 65
▪ Stadtkirche St. Peter und
  Paul 61
▪ Stadtschloss 62
▪ Weimar-Haus 60
▪ Wittumspalais 60
Westgreußen 95
Wiehe 46
Wirtschaft 28

Zella-Mehlis **100**
Zeulenroda 122

Bildnachweis

Coverfoto: Ebertshausen © Huber Images.de/Alfeld
Fotos Umschlagrückseite © Huber Images/R. Schmid (links); LOOK-foto/Kay Maeritz (Mitte); Huber Images/R. Schmid (rechts)

APA Publications/Dirk Renckhoff 60, 63, 133; Archiv Hotel Fürstenhöhe/Thüringer Tourismus Gmbh 134; Bildagentur Kliem 90; Fotolia.com/palomita0306 15; Fotolia.com/twoandonebuilding 43; Fotolia.com/autofocus67 8; Oliver Gerhard 47, 67, 85; Peter Höh 59, 64; Huber Images/F. Damm 101; Huber Images/R. Schmid 13, 40, 49, 106, 119, 123, U4-1, U4-3; Huber Images/Szyszka 26, 33, 75, 108, 117, 126, 136; Volkmar Janicke 31; laif/Babovic 6, 35; laif/Barth 128; laif/F. Jaenicke 18; laif/Selbach 79; laif/F. Zanettini U2-3; LOOK-foto/H. Leue 16; LOOK-foto/Kay Maeritz 11, 39, 141; LOOK-foto/H. Wohner 9, 54; mauritius images/Novarc 1; shutterstock/bluecrayola 17; Thüringer Tourismus GmbH U2-2, 21, 23, 34, 51, 96, 103, 105, 131; Thüringer Tourismus GmbH/P. Brix 52; Thüringer Tourismus Gmbh/D. Demme U2-4; Thüringer Tourismus GmbH/ B. Neumann U2-1, 14, 20, 22, 94; Thüringer TourismusGmbH/M. Schuck 37, 99; Thüringer Tourismus GmbH/TTG 115; Thüringer-Tourismus GmbH/Wartburg Stiftung Eisenach 93; Thüringer Tourismus GmbH/A. Weise 36; Tourismusverein Meiningen/H.-P. Szyszka 113; Tourist Information Schmalkalden/Wolfgang Benkert 97; Tourist Information Greiz 139.

Liebe Leserin, lieber Leser,
wir freuen uns, dass Sie sich für diesen POLYGLOTT on tour entschieden haben. Unsere Autorinnen und Autoren sind für Sie unterwegs und recherchieren sehr gründlich, damit Sie mit aktuellen und zuverlässigen Informationen auf Reisen gehen können. Dennoch lassen sich Fehler nie ganz ausschließen. Wir bitten Sie um Verständnis, dass der Verlag dafür keine Haftung übernehmen kann.

Ihre Meinung ist uns wichtig. Bitte schreiben Sie uns:
TRAVEL HOUSE MEDIA GmbH, Redaktion POLYGLOTT, Grillparzerstraße 12, 81675 München, redaktion@polyglott.de
www.polyglott.de

© 2014 TRAVEL HOUSE MEDIA
GmbH München
Dieses Buch wurde auf chlorfrei gebleichtem Papier gedruckt.
ISBN 978-3-8464-0647-2

Alle Rechte vorbehalten. Nachdruck, auch auszugsweise, sowie die Verbreitung durch Film, Funk, Fernsehen und Internet, durch fotomechanische Wiedergabe, Tonträger und Datenverarbeitungssysteme jeglicher Art nur mit schriftlicher Genehmigung des Verlages.

Bei Interesse an maßgeschneiderten POLYGLOTT-Produkten:
Tel. 089/450 00 99 12
veronica.reisenegger@travel-house-media.de

Bei Interesse an Anzeigen:
KV Kommunalverlag GmbH & Co KG
Tel. 089/928 09 60
info@kommunal-verlag.de

Verlagsleitung: Michaela Lienemann
Redaktionsleitung: Grit Müller
Autoren: Oliver Gerhard, Rasso Knoller, Ursula Pfennig-Pérez
Redaktion: Silwen Randebrock
Bildredaktion: Silwen Randebrock
Layoutkonzept/Titeldesign:
Gramisci Editorialdesign, München, und Ute Weber, Geretsried
Karten und Pläne: Sybille Rachfall
Satz: Tim Schulz, Mainz
Druck und Bindung:
Firmengruppe APPL, aprinta druck, Wemding

PEFC/04-32-0928

Ein Unternehmen der
GANSKE VERLAGSGRUPPE